PESQUISA EM CIÊNCIAS HUMANAS E SOCIAIS

BIBLIOTECA DA EDUCAÇÃO
Série 1 — ESCOLA
Volume 16

Dados Internacionais de Catalogação na Publicação (CIP)
(Câmara Brasileira do Livro, SP, Brasil)

Chizzotti, Antonio
Pesquisa em ciências humanas e sociais / Antonio Chizzotti.
8. ed. – São Paulo : Cortez, 2006. – (Biblioteca da educação. Série
1. Escola ; v.16)

Bibliografia
ISBN 85-249-0444-5

1. Ciências humanas – Pesquisa. 2. Ciências sociais – Pesquisa.
3. Pesquisa – Metodologia. I. Título. II. Série.

CDD-001.3072
-001.41
90-1807 -300.72

Índices para catálogo sistemático:

1. Ciências humanas : Pesquisa 001.3072
2. Ciências sociais : Pesquisa 300.72
3. Pesquisa : Ciências humanas 001.3072
4. Pesquisa : Ciências sociais 300.72
5. Pesquisa : Metodologia 001.42

Ana Paula Mendes

Antonio Chizzotti

PESQUISA EM CIÊNCIAS HUMANAS E SOCIAIS

8ª edição

CORTEZ EDITORA

PESQUISA EM CIÊNCIAS HUMANAS E SOCIAIS
Antonio Chizzotti

Capa: Carlos Clémen
Preparação de originais: Vicente Chel
Revisão: Maria de Lourdes de Almeida, Rita de Cássia Lopes

Direitos para esta edição
CORTEZ EDITORA
Rua Bartira, 317 – Perdizes
05009-000 – São Paulo – SP
Tel.: (11) 3864-0111 Fax: (11) 3864-4290
E-mail: cortez@cortezeditora.com.br
www.cortezeditora.com.br

Impresso no Brasil – junho de 2006

Ao Mário,
pai e mestre

Sumário

Prefácio

Este livro é resultado de um período de acompanhamento de alunos que, iniciando seus cursos de pós-graduação, reclamavam de sua síntese de informações básicas para fundamentar os seus trabalhos e as suas definições teóricas. Em geral, os cursos que trabalham a pesquisa dão informações sistemáticas sobre diferentes aspectos da investigação. Os alunos, porém, quando iniciam concretamente as suas pesquisas, sentem-se carentes de referências e informações sobre diferentes aspectos dos seus projetos específicos e, no momento da execução da sua pesquisa, reafirmam a necessidade de informações básicas para prosseguir o seu trabalho de investigação científica. Para responder a esta solicitação, foi-me sugerido reunir uma síntese breve de informações e uma bibliografia seletiva sobre cada aspecto da pesquisa, de tal modo que se constituísse em um roteiro que oferecesse uma visão panorâmica e sintética de diferentes vias e concepções de pesquisa, mas que garantisse as referências bibliográficas fundamentais para um aprofundamento científico particular do leitor.

O livro obedece essa exigência acadêmica e procura dar uma visão geral sobre a pesquisa experimental e a pesquisa qualitativa, remetendo o pesquisador às fontes bibliográficas que o auxiliem no seu aprofundamento desejado. Com esse propósito recorremos à bibliografia nacional e internacional divulgada nos últimos 25 anos, valendo-nos de sugestões manifestadas em encontro de professores.

A obra visa, ainda, atender uma necessidade atual da literatura sobre o assunto. É notório que o desenvolvimento da pesquisa no Brasil e das exigências dos cursos de pós-graduação têm suscitado um debate vivo entre as tendências conflitantes entre métodos de investigar ou validar conhecimentos científicos. Têm sido férteis as publicações que procuram indicar como fazer pesquisas ou trabalhos acadêmicos. Um volume relativamente disperso de indicações bibliográficas e referências fontais sobre aspectos particulares da pesquisa tem obrigado muitos pesquisadores a um esforço solitário de busca bibliográfica para fundamentar as suas opções teóricas e metodológicas.

O livro procura responder a essa necessidade, verbalizada em cursos e encontros sobre o assunto e identificada por muitos orientadores, que se vêem obrigados a repetir aos seus orientandos a literatura básica que trata da iniciação à pesquisa científica.

A organização do texto procura responder a um momento atual dos debates em torno da pesquisa e, para isto, toma as suas principais vertentes, que têm sido assumidas, com estes ou outros nomes, para relatar pesquisas.

É sabido que o modelo de pesquisa experimental, construído zelosamente no final do século passado e na primeira metade deste século, constituiu-se em um modelo oficial de pesquisa em ciências humanas e sociais que privilegiou a medição das regularidades constantes dos fenômenos. O grande edifício metodológico desse tipo de pesquisa passou a ser abertamente contestado por diferentes correntes a partir dos anos 60. A pesquisa experimental ou quantitativa defrontou-se com muitos pesquisadores que expuseram os limites da validação meramente quantitativa e propuseram outros caminhos de pesquisa para as ciências humanas e sociais.

Uma outra opção de pesquisa proclama-se baseada em dados e análises qualitativas. Esta opção tem uma história recente que não pode ser ignorada, e desconhecer essa história pode levar a uma simplificação ingênua, conotar pejorativamente outros tipos de pesquisa ou acobertar simplismos metodológicos. A pesquisa qualitativa é uma orientação que abriga tendências diversas e pressupostos com raízes filosóficas distintas. A falta de uma fundamentação consistente pode resultar em oposição gratuita e infundada à mensuração e levar a uma rejeição elementar dos fundamentos e métodos de validação dos conhecimentos.

Os métodos de pesquisa qualitativa conseguiram ampla difusão nos meios universitários. Contribuíram, para isso, as inovações trazidas à pesquisa pelas ciências sociais, em geral, e também o fato de alguns pesquisadores, com longa tradição em pesquisa naturalista, transigirem com seus modelos em favor de uma abordagem mais ampla da verdade científica. Outros sofreram uma mudança radical. Essas mudanças ocorreram em pesquisadores que, familiarizados com a pesquisa experimental, não se fixaram nessas práticas, mas souberam incorporar as contribuições das pesquisas qualitativas. A consolidação desse tipo de investigação deveu-se ainda à própria prática dos pesquisadores que adotaram tal orientação, uma vez que renunciaram a contrapor as vantagens dos seus pressupostos às fraquezas dos estudos quantitativos, preocupando-se muito mais em demonstrar o rigor adotado no modo como foram realizadas as suas pesquisas qualitativas. O debate entre correntes divergentes pode ser enriquecedor, se os seus fautores não se plantarem em trincheiras ideológicas arregimentando munições para as suas fortalezas, sem atinar pelos frutos que debates bem fundamentados podem trazer ao avanço das ciências humanas e sociais.

O texto que ora apresentamos procura captar esse momento da investigação científica no Brasil e parte da apresentação das etapas de uma pesquisa experimental que, com algumas variantes, ou extraído o núcleo hipotético-dedutivo das hipóteses, tem sido um paradigma "clássico" de pesquisas acadêmicas. Analisa, na primeira parte, os pressupostos que sustentam esse paradigma e algumas tendências atuais da pesquisa experimental. Condensa, na parte II, uma notícia sucinta de pesquisa qualitativa e de suas técnicas privilegiadas de validar conhecimentos, remetendo o interessado para a bibliografia existente sobre cada aspecto abordado. Pareceu-nos necessário condensar também, em uma terceira parte, as informações sobre as fontes documentárias em ciências humanas e sociais.

Longe de ser exaustivo, houve interesse em referir as principais publicações existentes na literatura internacional, disponível em francês e inglês. Muitas dessas publicações não são de fácil acesso; poderão, em parte, ser encontradas nas principais bibliotecas e centros de pesquisa ou documentação que os serviços de intercâmbio e comutação entre bibliotecas poderão facilitar.

Muitos são os que estão empenhados na realização de suas pesquisas para titulação acadêmica ou para responder aos seus compromissos pessoais com o conhecimento e com a sociedade. O presente texto quer facilitar a superação de alguns nós da pesquisa e continuará aberto às sugestões dos que passaram por experiências similares e que têm recomendações ou sugestões para melhor atingir os objetivos a que se propôs o autor.

O Autor

Prolegômenos à pesquisa

1. Paradigmas de pesquisa

A pesquisa investiga o mundo em que o homem vive e o próprio homem. Para esta atividade, o investigador recorre à observação e à reflexão que faz sobre os problemas que enfrenta, e à experiência passada e atual dos homens na solução destes problemas, a fim de munir-se dos instrumentos mais adequados à sua ação e intervir no seu mundo para construí-lo adequado à sua vida.

Nessa tarefa, confronta-se com todas as forças da natureza e de si próprio, arregimenta todas as energias da sua capacidade criadora, organiza todas as possibilidades da sua ação e seleciona as melhores técnicas e instrumentos para descobrir objetos que transformem os horizontes da sua vida. Transformar o mundo, criar objetos e concepções, encontrar explicações e avançar previsões, trabalhar a natureza e elaborar as suas ações e idéias, são fins subjacentes a todo esforço de pesquisa.

Essa atividade tem uma história multissecular, que se organiza com a filosofia, tendo um desenvolvimento particular no século XIX e XX. Um balanço histórico das estratégias e métodos empregados nesse esforço é resumido, segundo Kuhn[1], em duas tradições: a aristotélica, com um objetivo teleológico, e outra, mais recente, galileana, que procura o nexo causal e mecanístico dos fatos.

Esse autor considera que, ao longo do tempo, a ciência *estrutura* um conjunto de preceitos, noções e processos que caracterizam os procedimentos dominantes em uma comunidade científica nacional ou internacional, em um aspecto particular da ciência durante um período de tempo, que é *revolucionado* quando um ou vários pesquisadores demonstram as anomalias de uma ciência *normal* e põem em crise o universo de certezas, obrigando a comunidade toda a repensar os fatos e teorias explicativas, como se pode atestar na astronomia, com Ptolomeu, Copérnico, Galileu ou, na física, com Aristóteles, Newton, Einstein. O paradigma da pesquisa dominante envolve uma concepção e esta estabelece os critérios de definição e de formulação de um problema a ser pesquisado, implicando uma abordagem e os *processos de seleção* do problema.

O conceito *paradigma*, apesar da ambigüidade do termo, tem sido usado para caracterizar o estado da investigação e duas tendências conflitantes em pesquisa, neste século: um paradigma que se caracteriza pela adoção de uma estratégia de pesquisa modelada nas ciências naturais e baseada em observações empíricas para explicar fatos e fazer previsões, e outro, que advoga uma lógica própria para o estudo dos fenômenos humanos e sociais, procurando as significações dos fatos no contexto concreto em que ocorrem.

O primeiro paradigma se fundamenta no positivismo de Comte (1786-1857) para o estudo dos fatos sociais e no empirismo de J. Stuart Mill (1806-1873) para a investigação dos fenômenos psicológicos. O sucesso deste paradigma se radica no método de Francis Bacon (1561-1626) na matematização do conhecimento de R. Descartes (1596-1650) e Galileu (1564-1642), no

1. KUHN, T. S. *Estrutura das Revoluções Científicas*. São Paulo, Perspectiva, 1987.

valor da experiência de B. Pascal (1623-1662), na física de I. Newton (1642-1727) e nos materialistas do século XVIII, que valorizam a observação e o interesse pela natureza, a relevância da probabilidade e da dedução, a matematização da natureza, a noção de experiência, causalidade e previsibilidade. Mas o triunfo do método experimental no século XIX consolidou-se com a utilização de uma lógica hipotético-dedutiva e uma metodologia de experimentação de hipóteses, validada por processos dedutivos matemáticos. A adoção desta concepção pelos pesquisadores anglo-saxônicos e sua difusão nos meios científicos foi tão ampla que perdurou como o único paradigma aceitável nos meios acadêmicos.

Esse paradigma ganhou um novo dinamismo com o atomismo lógico na Inglaterra, com Russell (1871-1970) e Wittgenstein (1889-1951) e com os neopositivistas do Círculo de Viena, reunidos em torno da revista *Erkenntis,* fundada em 1940. Estes filósofos assumiram uma concepção mecanicista, amparada na física matemática, elaboraram uma lógica empírica com as quais pretenderam unificar a ciência e criar uma *ciência da ciência,* baseada em um método analítico e uma linguagem fisicalista, (uma linguagem dos objetos corpóreos extralingüísticos, independentes do sujeito que os percebe) e reduzindo o conhecimento à expressão bem-formalizada do mundo.

Esse paradigma experimental foi também estendido à análise da sociedade. Pareto (1848-1923) e Durkheim (1858-1917) procuraram um método para a explicação dos fatos sociais que, à semelhança das ciências na natureza, pudessem ser reduzidos a *coisas*. As interpretações de Parsons (1902-1979) sobre Pareto, Durkheim e Weber, a respeito dos fatos sociais, desdobraram-se em uma concepção estrutural, funcionalista da sociedade. Essa concepção se difundiu nos meios acadêmicos norte-americanos e constituiu-se em um método de análise e de explicação dos fenômenos sociais.

Em suma, esse paradigma tem como postulado a existência de objetos fora da consciência e independente dela. O resumo desses objetos constitui a natureza ou o mundo exterior que existe *em si,* e se impõe como uma evidência que reconhece a supremacia do mundo objetivo. O sujeito (consciência) é um receptáculo que recolhe as impressões gravadas pela natureza exterior.

A par da influência dominante desse paradigma, desenvolveram-se outras concepções, originárias do idealismo que toma o sujeito pensante como evidência mais clara que o objeto pensado. Para esta corrente, é a consciência que constitui o mundo exterior e o mundo da existência.

No início do século, as controvérsias metodológicas nos meios universitários alemães sobre as ciências humanas, a crítica ao naturalismo que adotava os modelos explicativos das ciências da natureza para as ciências do homem, as insuficiências metodológicas insuperáveis do naturalismo, adensaram as críticas e orientaram novos caminhos de compreensão das ciências humanas e sociais. Dilthey (1833-1911) mostrou que a compreensão do mundo humano em culturas históricas supõe a apreensão dos significados que o homem dá à vida e advogou uma lógica própria para as ciências humanas que visam compreender (*Verstehen*) os fenômenos enquanto as ciências da natureza procuram explicá-los (*Erklären*). O processo compreensivo é a apreensão global de uma visão de mundo, e a explicação é a demonstração de relações causais de fatos materiais. Weber (1864-1920) também buscou uma sociologia compreensiva para decifrar os fenômenos sociais e históricos à luz dos *tipos ideais,* e Bergson (1859-1941), na França, argumentava que a realidade vivida só pode ser conhecida pela intuição.

Mas foi Husserl (1858-1938) quem se interessou em dar um estatuto de rigor para as ciências humanas. A crítica ao naturalismo, ao psicologismo da escola de Warbourg e ao kantismo dominante mostrou a fragmentação dessas explicações, e suas críticas visaram estabelecer uma concepção holística que captasse, não conceitos formais, mas as coisas em si mesmas. Para isto, Husserl propõe um caminho que ultrapasse as aparências imediatas das coisas e alcance os *fenômenos,* a essência das coisas na sua manifestação. A ciência das essências repousa na intuição de que "toda consciência é consciência de alguma coisa" e visa um objeto que não é ela e que não pode estar contido nela. Por esta operação, o sujeito se torna consciente desse ato pelo qual dá uma significação ao objeto. Não são, pois, as qualidades sensíveis que revelam as coisas, mas o sentido que as habita e diante do qual meu corpo adota um comportamento (Merleau-Ponty).

A fenomenologia está na base de diversas teorias existencialistas que relevam a superioridade do vivido, do sujeito ou de correntes que se formaram a partir de Merleau-Ponty (1908-1961) na França, A. Schutz (1899-1959) nos Estados Unidos, como também de Blumer e os interacionistas, Garfinkel e os etnometodólogos.

A tradição dialética abrigou várias tendências. Na União Soviética e nos países sob influência direta do monopólio partidário e ideológico, o marxismo oficial permaneceu atraído pelo comportamentismo pavloviano e pela análise positivista dos processos humanos e sociais, exaurindo-se na exegese de autores reconhecidos e oficiosamente aceitos. Nos anos 60/70, a emergência de movimentos libertários e releitura de autores esquecidos dos anos 20, como Gramsci e Lukács, a erupção da escola de Frankfurt, com Horkheimer, Adorno, Habermas trouxeram novas questões e renovaram o interesse crítico da sociedade capitalista. Temas proscritos do marxismo oficial, estudos das formações capitalistas e análises críticas dos estamentos montados nos países que adotaram o marxismo oficial refizeram o interesse pela crítica e pela pesquisa histórica e cultural.

É preciso ter presente que a polarização ideológica construída pela guerra fria do pós-guerra, criou fronteiras definidas e arregimentou ideólogos, inventou ameaças e recrutou militantes. A guerra verbal e as oposições ideológicas pretenderam repartir campos de influência política e ideológica e configurar o mundo científico em dois pólos de verdade, representados pelo Ocidente, tendo à frente os Estados Unidos, e o Oriente, sob influência da União Soviética. A transformação atual da Europa e as mudanças na composição hegemônica das forças políticas já expuseram o artificialismo maniqueísta e belicista da guerra fria. A reconstrução européia, a recomposição política internacional e seus efeitos sobre a cultura deverão renovar o cenário científico e a pesquisa, neste final de século.

2. Fontes de informação

A pesquisa sobre um problema determinado depende das fontes de informação sobre o mesmo. As informações podem provir de observações, de reflexões pessoais, de pessoas que adquiriram experiências pelo estudo ou pela participação em eventos, ou ainda do acervo de conhecimentos reunidos em bibliotecas, centros de documentação bibliográfica ou de qualquer registro que contenha dados. A utilização adequada dessas fontes de informação auxilia o pesquisador na delimitação clara do próprio projeto, esclarece aspectos obscuros da pesquisa e o orienta na busca da fundamentação e dos meios de resolver um problema.

A determinação de um problema a ser pesquisado pode originar-se, pois, da observação direta e da reflexão sobre fatos observáveis, de leituras e de análises pessoais, de fontes documentais orais ou escritas.

2.1. *Da observação*

As observações se detêm sobre alguns aspectos circunscritos a partir dos quais se apreende uma questão específica e a totalidade onde acontece a questão observada. Diferentes correntes de pesquisa trabalharam a observação como seu fundamento da pesquisa e elaboraram técnicas específicas de aplicação à observação sistemática.

A observação é o núcleo originário e privilegiado de pesquisas que visem obter conclusões a partir da experimentação. Comte e os positivistas em geral tomaram a observação como única fonte possível de conhecimento (Comte, A. *O Discurso do Mé-*

todo Positivo, p. 20). A observação pode ser metódica e estruturada, o que supõe algumas técnicas de controle e classificação dos fatos, e a construção de grades de comportamentos observáveis. É também crescente o uso da observação participante onde o pesquisador se encontra implicado no processo de observação e constrói as evidências observadas na interação com outros pares que constroem o conhecimento.

2.2. *Das pessoas-fonte*

Outra fonte de informação são as pessoas-fontes, que, pela sua participação ou pelo estudo, adquiriram competência específica sobre um determinado problema. O testemunho oral das pessoas presentes em eventos, suas percepções e análises podem esclarecer muitos aspectos ignorados e indicar fatos inexplorados do problema. Como já dizia Vieira: "Os discursos de quem não viu são discursos; os discursos de quem viu são profecias" (Vieira, *Sermões*, 3.º Domingo do Advento).

Alguém que se dedicou ao estudo sistemático de uma questão pode revelar os aspectos mais relevantes, indicar os meios de adquirir informações, orientar na busca de fontes documentais, selecionar as leituras mais pertinentes etc.

A consulta a pessoas-fontes, como qualquer entrevista, depende muito da preparação prévia para se colher as informações relevantes sobre as questões fundamentais de uma pesquisa, em tempo breve, e registrar adequadamente as informações que se procura.

O pesquisador deve estar preparado para expor sucinta e claramente o problema da pesquisa, suas dificuldades e interesses, munido dos meios de registro de informações, e criar, se necessário, outras possibilidades de contato. A experiência mostra ainda que o sucesso do trabalho depende também de algumas circunstâncias, como contatos prévios para se criar condições oportunas (dia, hora, local) e situações amistosas de diálogo.

Convém conhecer alguns procedimentos usuais adotados para se realizar uma entrevista. No caso de se colher informações sistemáticas para se escrever a história oral, será indispensável conhecer os métodos e processos para se elaborar este tipo de pesquisa.

2.3. *Da documentação*

A busca de informações documentadas acompanha o desenvolvimento geral da pesquisa e se aprimora com o amadurecimento dos objetivos e fins de investigação.

A pesquisa documental visa responder as necessidades objetivas da investigação e pode, didaticamente, atender as seguintes questões:

- para que servem as informações documentadas;
- quais documentos são necessários para realizar o estudo do problema;
- onde encontrá-los; e
- como utilizar-se deles para os objetivos da pesquisa.

A pesquisa documental é parte integrante de qualquer pesquisa sistemática e precede ou acompanha os trabalhos de campo. Ela pode ser um aspecto dominante em trabalhos que visam mostrar a situação atual de um assunto determinado ou intentam traçar a evolução histórica de um problema. É importante também para se conhecer os tipos de investigação já realizados, os instrumentos adotados, os pressupostos teóricos assumidos, as posições dos pesquisadores, os aspectos já explorados e os sistemas de explicação que foram construídos. Quem inicia uma pesquisa não pode dispensar as informações documentadas. A reunião delas é indispensável para se conhecer o que já foi bem investigado, o que falta investigar, os problemas ainda controversos, obscuros, inadequadamente estudados ou que ainda persistem, reclamando novos estudos.

A pesquisa documental é, pois, uma etapa importante para se reunir os conhecimentos produzidos e eleger os instrumentos necessários ao estudo de um problema relevante e atual, sem incidir em questões já resolvidas, ou trilhar percursos já realizados. O interessado deve ter presente para quê servem os documentos que procura, quais documentos precisa, onde encontrá-los e como reuni-los.

Para quê

São os objetivos e fins da pesquisa que determinam quais e que tipos de informações documentais convém reunir. Sem esta delimitação prévia o pesquisador pode se perder em exaustivos esforços, recolher um volume excessivo de informações e permanecer incapaz de extrair os dados de que precisa. A delimitação é o critério fundamental para um levantamento consistente dos documentos relevantes e para a seleção das informações fontais disponíveis. Poupa buscas desnecessárias e tempo de trabalho, restringe o volume de dados e mantém o pesquisador no fio condutor da sua pesquisa.

Quais

As pesquisas se utilizam prevalentemente da documentação escrita. As informações contidas em suportes materiais, por meio de técnicas específicas (pintura, gravações etc.), podem exigir do pesquisador um conhecimento particular desses tipos de documentos e dos seus métodos de catalogação reunidos em arquivos próprios (pinacotecas, videotecas, filmotecas etc.).

Onde

As bibliotecas, arquivos e centros de documentação estocam os documentos escritos, seguindo alguns critérios de tipologização documental e técnicas de classificação, que orientam os usuários na identificação das fontes de informação. Sua importância para o pesquisador requer noções básicas da documentação reunida na parte III: documentação.

As bibliotecas que mais imediatamente interessam ao pesquisador são as universitárias, especializadas na área de abrangência da pesquisa que reúnem os documentos primários e secundários de um domínio do conhecimento.

É útil conhecer como estão organizadas uma biblioteca e os serviços básicos e específicos que ela mantém, para se utilizar adequadamente os acervos e serviços disponíveis.

Uma busca documental pode proceder aleatoriamente, reunindo informações ocasionais extraídas de fontes mais imediatamente disponíveis. Em geral, o interessado inicia as primeiras diligências trabalhando as informações precárias que reúne no dia-a-dia em contatos com outros pesquisadores, aulas e seminários, leituras ou reflexões pessoais. Esses primeiros passos não são suficientes para especificar as questões mais significativas e remeterá o pesquisador à seleção da literatura mais pertinente para aprofundar a análise de um tema específico. Como todas as partes da pesquisa, a documentação não é um aspecto isolado e estanque, linearmente progressivo. Amplia-se e se especifica, com a definição do problema.

A formulação de um problema indicará, porém, a urgência de uma documentação sistemática e a necessidade de se adotar estratégias coerentes de procura das informações existentes, integrando-as aos métodos de trabalho pessoal.

Como a pesquisa é um esforço durável de busca, análise e síntese, impõe uma disciplina que responda ao volume físico e mental de trabalho por um período duradouro e exige a adoção de métodos de organização pessoal condizentes com a complexidade das questões que deverão ser resolvidas. Buscas ocasionais, instrumentação precária, desorganização pessoal, aplicação descontínua e esforços aleatórios frustram a pesquisa e geram situações desconfortáveis e penosas.

Sem algumas providências preliminares de organização pessoal, a pesquisa pode estagnar-se e não transpor fases mais complexas, que exigem dados bem organizados e tempo prolongado de observação e análise.

A par destas recomendações, é preciso assumir um método de trabalho adaptado às condições pessoais. Algumas técnicas podem auxiliar a organização desse trabalho. Essas técnicas estão descritas em literatura específica, que ressalta as vantagens de uma organização racional do trabalho. A compatibilização dessas técnicas com o estilo pessoal pode dinamizar a progressão da pesquisa e sua sistematização, eliminando a dispersão e perda das informações.

Em suma, essas técnicas referem a importância de um fichário bibliográfico que reúna as referências bibliográficas, os documentos consultados e a consultar, e explicam os meios mais eficientes de fazê-lo.

Parte I:
PESQUISA EXPERIMENTAL

Capítulo 1
Da Pesquisa Experimental

1. Introdução

O estudo científico dos fenômenos educativos, psicológicos, sociais e lingüísticos desenvolveu-se a partir da segunda metade do século XIX. A busca de conhecimentos comprovadamente coerentes e rigorosos que substituíssem os conhecimentos especulativos, intuitivos e de senso comum desenvolveu um método de comprovação das afirmações admitidas como científicas.

O método experimental ou científico, apoiado nos postulados do positivismo, subsumiu o mesmo método das ciências da natureza, tido como exemplar na construção de conhecimentos rigorosamente verificados e cientificamente comprovados. Este método consiste em submeter um fato à experimentação em condições de controle e apreciá-lo coerentemente, com critérios de rigor, mensurando a constância das incidências e suas exceções e admitindo como científicos somente os conhecimentos passíveis de apreensão em condições de controle, legitimados pela experimentação e comprovados pela mensuração.

O método desenvolveu, durante um século, um conjunto de técnicas e instrumentos que foram adotados em ciências humanas e sociais, constituindo-se em um método-padrão de pesquisas científicas, até a segunda metade do século XX. A partir dessa época ampliaram-se o campo, as técnicas e os instrumentos de pesquisa em ciências humanas e sociais.

2. O termo

1. Para a organização da pesquisa, toma-se o modelo experimental como um padrão sobre o qual serão feitas as análises e discussões dos seus fundamentos e da concepção da realidade subjacente a esse modelo-padrão. A partir dessa análise, serão abordados outros modelos discursivos de pesquisa, as concepções da realidade que as funda, o processo de validação dos conhecimentos que adotam e dos resultados que obtêm.

2. A pesquisa experimental parte da análise de um fenômeno delimitado sobre o qual formula hipóteses prévias de verdade, e métodos explícitos de verificação, submete o fenômeno à experimentação em condições de controle, cuidando ciosamente da validade interna das hipóteses a fim de extrair leis (nomotéticas), fazer generalizações e elaborar teorias explicativas do fenômeno observado.

3. Elege-se um padrão de pesquisa designado *experimental* para caracterizar um tipo de pesquisa que submete o fenômeno à experimentação, a uma intervenção nos fenômenos a partir da organização sistemática dos fenômenos observados. A experimentação significa que se recorre à *experiência*, ou seja, os fatos e acontecimentos são apreendidos em um contexto de normas constantes e, por isso, podem ser sistematicamente observados, deliberadamente organizados e sujeitos a uma intervenção planificada para permitir inferências e previsões sobre os fatos que se dêem nas mesmas condições. Usam-se também outras designações para acentuar uma denotação especial. É designada como *científica* para reafirmar uma posição positivista que só reconhece como válidos os conhecimentos resultantes de experimentações comprovadas por padrões mensuráveis de

controle. Designa-se impropriamente de pesquisa *empírica*. As pesquisas empíricas se fundam em observações e no estudo de fatos particulares para generalizar fatos ou realidades apoiando o conhecimento na experiência interna ou externa, tomando a experiência como um registro ou uma leitura das propriedades já organizadas no objeto ou no sujeito. Neste sentido, confunde-se com as pesquisas experimentais. Estas, porém, pressupõem uma base empírica, mas tomam a experimentação como condição necessária do conhecimento. E não é só. A experimentação deve combinar-se com outros processos cognitivos, como a dedução matemática. Comporta, ainda, o controle tanto da atividade do experimentador quanto das análises dos fatos imediatos e aparentes ou das previsões dedutíveis dessas análises.

4. As pesquisas são, às vezes, designadas pela denotação especial que se quer dar: *teórica* ou *fundamental* (orientada mais para a verificação de uma teoria que para a aplicação imediata dos conhecimentos) e *aplicada*, que visa uma utilização imediata dos conhecimentos produzidos ou a verificação dos dados teóricos no quadro da prática; *descritiva*, que se restringe à descrição dos fatos; *analítica*, que faz análises interpretativas dos dados e extrai conclusões; *quantitativa*, pelo suporte em medidas e cálculos mensurativos que utiliza, ou *qualitativa*, para ressaltar as significações que estão contidas nos atos e práticas; ou ainda *nomotéticas*, para evidenciar o intuito de extrair as leis (*nomos*) da regularidade e da recorrência dos fatos observados para generalizar. As pesquisas podem ser designadas ainda pelo método de abordagem analítica: comparativa, histórica, funcional, estrutural, sistêmica, dialética, ou então pelos objetivos específicos: *clínica* — estudo das determinantes de *casos* individuais, visando um julgamento (diagnóstico) e uma prescrição saneadora (terapêutica); *pesquisa-intervenção* — relação participante dos agentes que partilham do processo de análise e mudança psicossociológica.

3. Experimentação

O método de comprovar conhecimentos pela experimentação *provocada* é uma etapa comum em ciências físicas e naturais. Consiste na observação, manipulação e controle do efeito produzido em uma dada situação, introduzindo uma modificação voluntária de uma variável independente sobre outra variável dependente. A experimentação não é indispensável à ciência. A astronomia, a geologia, por exemplo, não podem agir voluntariamente sobre objetos da observação. Essas dificuldades de submeter a uma experimentação provocada os objetos de pesquisa são maiores em ciências humanas e sociais porque estas analisam fenômenos coletivos, como ocorre com a sociologia, a economia, a demografia, ou porque é impossível submeter o próprio homem à experimentação no sentido estrito, isto é, modificar os fenômenos com a variação livre dos fatores.

A experimentação em ciências humanas consiste na adoção de uma metodologia que assume uma lógica sistematizada de pesquisa para encontrar os liames que unem duas variáveis e que comprovem a veracidade ou falsidade de uma hipótese. Resume-se, praticamente, na observação sistemática de resultados para se estabelecer correlações entre efeitos e suas causas (experimentação *invocada*).

A organização de um plano de experimentação supõe que se defina um problema, e este possa ser analisado e explicado pelas técnicas e instrumentos de pesquisa. A análise conduz a uma proposição prévia de resposta ao problema (hipótese) para a qual se colhem as provas para confirmar ou negar a proposição.

4. Pressupostos da pesquisa experimental

A pesquisa experimental se apóia nos pressupostos do positivismo e pretende que os conhecimentos opinativos ou intuitivos e as afirmações genéricas sejam substituídos por conhecimentos rigorosamente articulados, submetidos ao controle de verificações empíricas e comprovados por meio de técnicas precisas de controle.

Segundo essa concepção, não existe relação entre os sujeitos que observam e o objeto observado. Os fatos ou os dados são frutos da observação, da experiência e da constatação, e devem ser transformados em quantidades, reproduzidos e reiterados em condições de controle, para serem analisados de modo neutro e objetivo a fim de se formular leis e teorias explicativas dos fatos observados.

O pesquisador deve abstrair-se de toda subjetividade passional que conduz ao erro, à precipitação e à irracionalidade, para assumir uma neutralidade diante de divergências, oposições ou conflitos ideológicos, tornando-se um sujeito neutro, lógico ou epistêmico.

Estabelecidas essas premissas, o pesquisador pode aceder aos conhecimentos positivos, à realidade objetiva e elaborar conhecimentos válidos e legitimá-los cientificamente. Há um método para desvendar a complexidade aparente dos fenômenos. Este método pressupõe que a natureza é uniforme, logicamente organizada e funcionalmente determinada. O pesquisador, aplicando-se à observação metódica, pode encontrar as relações constantes em circunstâncias idênticas e determinar as leis que regem e explicam as relações causais entre os fenômenos e fatos observados, e predizer comportamentos ou fatos. Supõe, portanto, que o mundo está definitivamente constituído e regido por leis invariáveis e constantes, que podem ser apreendidas, verificadas e previstas.

5. O método

O método preconiza que a ciência é una e que os fatos humanos e sociais não diferem dos fatos das ciências da natureza. Preconiza ainda que o mesmo modelo de pesquisa das ciências naturais deve servir para legitimar as afirmações científicas das ciências do homem. Basta para isso:

- construir os conhecimentos a partir da observação sistemática de fatos sensíveis;
- reduzir os fenômenos complexos aos simples, os gerais aos particulares, os heterogêneos aos homogêneos;
- sistematizar a observação dos fatos simples e extrapolar para fenômenos mais complexos e gerais (processo indutivo); elaborar afirmações lógicas que mostrem os nexos que existem entre um ou mais fatos (hipóteses);
- submeter os fatos à experimentação (verificação) e extrair as relações causais entre conjuntos homogêneos de fatos (leis) e estabelecendo generalizações dessas relações causais (teorias); por um processo, agora, dedutivo (dedução), explicar processos complexos, tirar conseqüências (explicações) e prever como as generalizações se farão operatórias em situações idênticas ou novas (predições). A validação do conhecimento segue um processo lógico-indutivo (do dado singular observado caminha-se para a generalização) e hipotético-dedutivo (ilação explicativa das leis gerais estabelecidas pelo raciocínio indutivo para fatos congêneres).

O método experimental pressupõe, ainda, que os dados estão inscritos na natureza, pois "a extensão universal da invariabilidade das leis naturais é um dogma do fundamental do espírito positivo"[1], e a lei básica do conhecimento é a subordinação da imaginação à observação, porque esta é a única fonte possível dos conhecimentos realmente acessíveis e, como conseqüência necessária às relações constantes e invariáveis entre os fenômenos. É possível substituir a exploração direta dos fatos pela previsão racional, de tal modo que "o genuíno espírito positivo consiste em ver para crer, em estudar o que é, a fim de concluir o que será"[2].

1. COMTE, A. *O Discurso do Método Positivo.* Porto Alegre, Globo, 1976, p. 20.
2. *Ibid.*

Esses fundamentos forjaram um método de legitimação dos conhecimentos que:

1. Deverão nascer da observação, única base possível dos conhecimentos realmente acessíveis, e encontrar as relações constantes que existem entre os fenômenos; a pretensão de ultrapassar a observação é vã e inócua.
2. Os fatos devem ser organizados para que se constituam em fundamentos de uma prova e levem a uma conclusão. Será preciso intervir para relacionar os fenômenos que interessam. A intervenção e a organização planificada são características do método experimental.
3. Os fenômenos deverão ser submetidos à experimentação para se demonstrar as relações que os regem e, deste modo, eliminar radicalmente as afirmações opinativas e chegar aos conhecimentos comprovados cientificamente.

Com esses pressupostos criou-se um modelo de pesquisa, introduziu-se técnicas, edificou-se instrumentos e aprimorou-se procedimentos de experimentação que foram ciosamente lapidados para assegurar a objetividade do conhecimento, o critério e o rigor, a coerência e a relevância do saber científico.

Esse modelo de pesquisa privilegiou a verificação por meio de técnicas sofisticadas de mensuração dos dados, alcançou um grande prestígio e tornou-se o modelo dominante de pesquisa em ciências humanas e sociais, até passado recente.

O modelo tem muitas variantes. As diferentes vias de validação dos conhecimentos podem ser condensadas em um modelo-padrão que inclui:

1. hipótese de explicação de fatos observados;
2. verificação da hipótese (experimentação): coleta de dados e análise dos dados;
3. previsão: explicação das leis que regem os fenômenos observados e dedução para outros fenômenos que estão sob as mesmas leis.

6. Limites e críticas

As pesquisas quantitativas dominaram as investigações em ciências humanas e sociais até a década de 70, sustentadas pela supremacia do positivismo nessas ciências. Novas orientações filosóficas, novas técnicas, partindo de outros pressupostos recusaram-se a admitir um paradigma único de legitimação dos conhecimentos.

Essas críticas expuseram os limites da pesquisa experimental, quantitativa, denunciaram a pretensa neutralidade científica, os vínculos do conhecimento científico com as estruturas sociais, os mecanismos de reprodução social, as filigranas da luta de classe, e o engodo de se admitir, a pretexto da unidade da ciência, um único padrão de conhecimento sob o império exclusivo do pensamento positivista.

Porém, as críticas às certezas absolutas remontam ao fenomenismo de Hume (1711-1776), para quem os conceitos são fatos da consciência subjetiva, sem correspondência com a realidade objetiva. O conceito de causalidade (por exemplo, *A* é causa de *B*), para Hume, é uma interpretação de seqüências repetitivas, porque não capta o efeito de *A* sobre *B*. Kant aplicara-se também em demonstrar que o mundo em si é incognoscível e não resulta de sensações, mas de experiências (apreensão dos objetos no tempo e no espaço em um contexto regido por leis) que se exprimem em juízos da experiência que, por sua vez, afirmam a relação das determinações, subsistindo no objeto. E Hegel propugnava que todo real é racional e tudo é produto do meu espírito, é um ponto de vista do espírito universal.

Há uma tradição filosófica que relevou a atividade do sujeito cognoscente no processo de conhecimento, com raízes na filosofia da vida de Bergson, no historicismo, na dialética, na filosofia da existência e na fenomenologia. E, mais proximamente, pesquisas etnográficas da antropologia procuraram mostrar que os conhecimentos dependem do contexto sociocultural e do modo como os atores sociais os percebem nas condições e no meio em que vivem.

7. Contestações mais recentes

As contestações à pesquisa exclusivamente quantitativa vieram, porém, de autores com reconhecida experiência em pesquisa experimental.

Campbell, um pesquisador notável pelo seu passado em pesquisas experimentais e que se notabilizara pela difusão do modelo experimental de Ronald Fischer, declara na assembléia americana de Psicologia, em 1974, que a abordagem quantitativa e pesquisadores rigorosos servem-se de uma fundamentação qualitativa — o bom senso — para contravalidar pesquisas com erros decorrentes de leitura errônea de medidas ou de defeitos no uso de instrumentos. Propõe que as avaliações de programas ou a avaliação dos resultados de inovações sociais deliberadas recorram à abordagem qualitativa, significando explicitamente as pesquisas fenomenológicas, histórico-filosóficas, clínicas, estudos de casos, observação participante e bom senso. Campbell reconhece ainda, com base na antropologia, a necessidade de descrições que apreendam o ambiente ecológico daqueles que se quer avaliar.

Campbell pretendia estabelecer uma síntese unificadora do conhecimento quantitativo e qualitativo.

Na mesma ocasião, Crombach denuncia a separação entre a psicologia experimental (quantitativa) e as diferenças individuais (qualitativa). As análises das interações entre indivíduos baseadas no tratamento experimental, sem considerar as diferenças individuais, acabam em generalizações pouco válidas. Crombach reconhece que as análises devem apreciar o contexto, as características e os acontecimentos em que se dão as observações.

Mas deve-se, sobretudo, a R. Stake, com larga experiência em avaliação quantitativa de programas, a sistematização de um programa qualitativo na avaliação de programas onde os participantes atuam, levantando questões ou recebendo informações sobre o conteúdo e a forma do programa. A avaliação deve ser "respondente": responder às questões postas pelos interlocutores, atuar sobre o programa tal como acontece e não como foi planificado e considerar os diferentes juízos de valor quando são analisados o sucesso ou fracasso do programa.

As críticas vieram também de outras correntes que se opuseram ao padrão quantitativo das pesquisas em ciências humanas e sociais, como o interacionismo simbólico, a etnometodologia, a pesquisa etnográfica, a pesquisa-ação e a intervenção psicossociológica. A crítica mais penetrante e sistemática aos fundamentos da razão instrumental é feita por Habermas[1].

8. Confluências e oposições

Para muitos autores, a pesquisa quantitativa não deve ser oposta à pesquisa qualitativa, mas ambas devem sinergicamente convergir na complementaridade mútua, sem confinar os processos e questões metodológicas a limites que atribuam os métodos quantitativos exclusivamente ao positivismo ou os métodos qualitativos ao pensamento interpretativo (fenomenologia, dialética, hermenêutica etc.). Esses autores consideram que é necessário superar as oposições que subsistem nas pesquisas em ciências humanas e sociais, e apontam que se pode fazer uma análise qualitativa de dados estritamente quantitativos ou que o material recolhido com técnicas qualitativas podem ser analisados com métodos quantitativos, como é o caso da análise de conteúdo.

Outros insistem, porém, em que as divergências não procedem de meros instrumentos e técnicas de pesquisa, mas de oposições mais radicais, que encontram seu fundamento na concepção de realidade humana e social, nas situações e posições sociais dos

1. HABERMAS, J. *Théorie de l'Agir Communicationel.* Paris, Fayard, 1987, 2 v.

pesquisadores e, portanto, não se confinam a diatribes técnicas, mas refletem confrontos sociais, políticos e ideológicos gerais da sociedade.

9. Processo de uma pesquisa experimental

O processo de pesquisa é um conjunto de operações sucessivas e distintas, mas interdependentes, realizadas por um ou mais pesquisadores, a fim de coletar sistematicamente informações válidas sobre um fenômeno observável para explicá-lo ou compreendê-lo. É um trabalho complexo que reúne diferentes competências (escrever, sistematizar, analisar), organização pessoal e o domínio de técnicas especializadas (documentação, instrumentos de pesquisa etc.).

Para efeitos didáticos, a organização de uma pesquisa pode ser dividida em fases e etapas de trabalho. A realização de uma pesquisa, porém, não é um procedimento linear, estanque e mecânico, mas um processo duradouro de maturação de observações, análises, relações e sínteses, onde o pesquisador tende a se modificar no curso de suas descobertas e a reorientar suas posições ou hipóteses, previamente abraçadas.

Este processo impõe uma organização sistemática de trabalho, uma aplicação metódica à pesquisa e o conhecimento de algumas técnicas de trabalho científico. Por isso, a fluente transformação do sujeito que investiga e do objeto da pesquisa não deve dispensar o esforço de organizar um trabalho complexo, munindo-se dos instrumentos disponíveis e estabelecendo um programa de longa duração para vencer hesitações, eliminar dúvidas e resolver problemas.

Em síntese, a organização convencional de uma pesquisa pode ser estabelecida em *fases* que abranjam a concepção geral, a organização, execução e redação, e *etapas* que levem progressivamente a trabalhos mais complexos. Vejamos:

1.ª Fase

A determinação do problema

Etapas:
1. Selecionar o assunto.
2. Definir e formular o problema da pesquisa.
3. Reunir e selecionar a documentação sobre o assunto-problema a ser pesquisado.
4. Elaborar a revisão da literatura sobre o problema da pesquisa.

2.ª Fase

A organização da pesquisa

Etapas:
1. Descrever o objeto (ou problema) da pesquisa em relação a um referencial teórico.
2. Formular as hipóteses de trabalho.
3. Determinar a fórmula de experimentação ou descrever os métodos escolhidos para coletar ou completar os dados.
4. Construir os instrumentos necessários à coleta de dados.
5. Definir a população da pesquisa ou da experimentação.
6. Planificar a coleta de dados.

3.ª Fase

Execução da pesquisa de campo

Etapas:
1. Estabelecer um programa de trabalho.
2. Coletar os dados.
3. Analisar os resultados.

4.ª Fase

Redação do texto

Etapas:

1. Redigir o texto preliminar, explicando o fenômeno observado.
2. Redigir o texto definitivo, incorporando, no texto, indicações e críticas pertinentes.

Capítulo 2
Fases e Etapas da Pesquisa Experimental

1ª fase: A determinação do problema

1. *Selecionar o assunto*

Um assunto de pesquisa pode nascer de leituras, de reflexões pessoais, de problemas reconhecidos, da atividade profissional, de fontes de informações etc.

Quando alguém decide investigar um assunto determinado, sua escolha, em geral, é feita em função de um interesse atual, da intuição e reflexão pessoal, da formação antecedente, de meios exeqüíveis (tempo, recursos financeiros e humanos, equipamentos etc.) de informações documentadas etc.

2. *Definir e formular o problema*

É uma etapa na qual se elege um núcleo particular (problema de um tema geral, assunto). É uma fase complexa e laboriosa de análises e sínteses. Pressupõe um inventário crítico do que se escreveu e se pesquisou sobre o problema, uma análise dos resultados já alcançados, das limitações subsistentes e das metodologias de investigação a fim de se definir um projeto de pesquisa pertinente e original, esclarecer conceitos, delimitar o próprio problema e estabelecer as linhas gerais do referencial teórico e metodológico de análise, assim como as hipóteses preliminares de trabalho.

Não há regras fixas para isso. A experiência de pesquisadores mostra que a consecução desta etapa depende de uma documentação bibliográfica bem conduzida.

3. *Reunir e selecionar a documentação*

Para um levantamento do problema a ser pesquisado convém:

a) fazer um levantamento do material mais recente, aproveitando-se do acervo de conhecimentos atualizados sobre o problema;

b) selecionar a documentação mais importante, evitando um acúmulo excessivo de material;

c) concentrar-se nas informações e bibliografias mais importantes. Para isto:
   — utilizar-se das fontes de informação bibliográfica;
   — organizar a própria documentação bibliográfica;
   — proceder de forma a iniciar-se pelas publicações gerais antes das obras específicas, ou de artigos de revista ou resumos de pesquisa.

O contato com pessoas-fonte ou pessoas que se especializaram em um tema pode auxiliar na orientação da literatura mais atualizada e na definição mais precisa do problema.

4. *Elaborar a revisão da literatura*

A elaboração escrita da revisão bibliográfica, reunindo as informações atuais sobre o problema, é útil para o pesquisador definir com precisão a sua pesquisa e pode ser indispensável para apresentar o objeto da investigação e a contribuição nova que traz.

O pesquisador deve estar informado dos principais dados que já foram recolhidos sobre o problema que aborda. A assimilação de resultados já alcançados por outros pesquisadores evita repetições desnecessárias, situa a pesquisa no contexto dos trabalhos científicos e auxilia a formulação da própria problemática. Permite, ainda, identificar como os problemas foram postos e conceitualizados, dá acesso às teorias e modelos explicativos que foram propostos e leva a conhecer os paradigmas experimentais que foram utilizados. A elaboração escrita da revisão bibliográfica deve indicar ao menos a situação atual do problema, os avanços e limites, os resultados alcançados e as posições divergentes sobre o problema.

Bibliografia

ACKOFF, R. L. *Planejamento da Pesquisa Social.* Trad. de Leônidas Hegemberg e Octanny S. da Mota, São Paulo, Herder, 1967.

ASTI VERA, A. *Metodologia da Pesquisa Científica.* Porto Alegre, Globo, 1979.

BARROS, A. J. P. e LAHALFELD, N. A. S. *Projeto de Pesquisa: Propostas Metodológicas.* Petrópolis, Vozes, 1988.

BEAUD, M. *L'Art de la Thèse.* Comment préparer et rédiger une thèse du doctorat. Un Mémoire de DEA ou de Maîtrise ou Tout Autre Travail Universitaire. Paris, La Découverte, 1985.

CALDAS, M. A. E. *Estudos de Revisão da Literatura.* Fundamentos e Estratégias Metodológicas. São Paulo, Hucitec/Brasília, INL, 1968.

CERVO, A. L. e BERVIAN, P. A. *Metodologia Científica:* Para uso dos Estudantes, 2.ª ed., São Paulo, McGraw-Hill, 1978.

DREYFUSS, S. *La Thèse et le Mémoire de Doctorat* (Étude Méthodologique), 2.ª ed., Paris, Cujas, 1971.

ECO, H. *Como se Faz Uma Tese.* Trad. Gilson C. de Souza. São Paulo, Perspectiva, 1983.

FABI, T. *Comment Faire Une Recherche?* Montreal, Fides, 1975 (coleção Comment Faire?).

FRAGATA, J. *Noções de Metodologia.* Para Elaboração de um Trabalho Científico. Porto, Tavares Martins, 1967, coleção Meridiano Universitário, 3.

FRANGNIÈRE, J. *Comment Réussir Un Mémoire.* Paris, Dunod, 1986.

GILLI, G. A. *Côme Si Fa Ricerce* (Guida Della, Ricerca Sociale per Non Specialista). Milano, Mondadori, 1971.

GRESSLER, L. A. *Pesquisa Educacional.* São Paulo, Loyola, 1979, coleção Realidade Educacional, 2.

LUNA, S. "*Elaboração de Revisões de Literatura:* Nota de Aula", *Cadernos de Psicologia da Educação.* PUC-SP, Programa de Pós-Graduação em Psicologia da Educação, 1986, 7:42-59.

MARTINS, J. e CELANI, A. A. *Subsídios Para Redação de Tese de Mestrado e Doutoramento.* 2.ª ed. São Paulo, Cortez e Moraes, 1979.

PLOT, B. *Écrire une Thèse ou un Mémoire en Sciences Humaines:* Paris, Champion, Unichamp, 1986.

RAMÓN Y CASAL, R. *Regras e Conselhos Sobre a Investigação Científica.* Trad. de Achiles Lisboa. Rio de Janeiro, Científica, s.d.

ROUVERAIN, J. C. *Mémoires et Thèses.* (L'Art et les Méthodes). Paris, Maisoneuve et Larose, 1989.

RUDIO, F. V. *Introdução a Projetos de Pesquisa.* Petrópolis, Vozes, 1980.

SALOMON, D. V. *Como Fazer Uma Monografia:* Elementos de Metodologia do Trabalho Científico. 3.ª ed. Belo Horizonte, Interlivros, 1973.

SEVERINO, A. J. *Metodologia do Trabalho Científico* (Diretrizes Para o Trabalho Didático-Científico na Universidade). 15.ª ed. São Paulo, Cortez/Autores Associados, 1987.

2ª fase: A organização da pesquisa

As etapas aqui descritas caracterizam a pesquisa experimental. Este padrão de pesquisa foi dominante até passado recente. Outros pressupostos e disciplinas, a partir dos anos 60, desenvolveram outros tipos de pesquisas que adotam variados pressupostos e métodos, e, conseqüentemente, diferentes vias e técnicas de organização e execução.

1. *Descrever o objeto da pesquisa — o problema — em relação a um referencial teórico*

Trata-se de definir a perspectiva teórica geral que abarque o conjunto de questões postas e de apresentar algumas hipóteses plausíveis, formando um arcabouço de explicação que integre coerentemente os elementos em um todo teórico. Alguns trabalhos se restringem a identificar as variáveis principais que possam influenciar no problema estudado ou a expor os elementos de explicação existente para análise das relações e inter-relações das variáveis.

2. *Formular hipóteses de trabalho*

Na pesquisa experimental, a formulação de hipótese é uma etapa fundamental, pois sobre ela repousam todos os processos sucessivos de trabalho e a própria conclusão. Por isso, as hipóteses serão:

a) *claramente enunciadas*, distinguindo-se as variáveis dependentes das independentes, e eliminando-se termos ambivalentes e juízos de valor;

b) *conceitualmente precisas* e operacionalmente factíveis, evitando termos vagos e muito gerais, que não sejam operacionais;

c) *objetivamente delimitadas:* os termos complexos deverão ser decompostos a partir dos índices mais significativos (indicadores). Os índices definem operacionalmente os conceitos e permitem observar a freqüência e mensurar as ocorrências;

d) *facilmente verificáveis*, as hipóteses devem se referir a dados tangíveis e fenômenos observáveis que sejam passíveis de controle e mensuração.

Por exemplo, um conceito genérico de *pobreza* deve ser estabelecido a partir de índices verificáveis representativos (número de cômodos da casa, renda, lazer etc.), que constituem os indicadores de verificação medidos pela quantidade das ocorrências.

Há técnicas de construção de indicadores, estratégias de verificação, de avaliação que estão descritas em literatura sobre pesquisa experimental ou em literatura especializada.

3. *Determinar a fórmula de experimentação ou descrever os métodos de coletar dados*

A experimentação pressupõe a coleta sistemática de dados comprobatórios da hipótese. Os meios mais usuais de reunir dados são:

- *Observação*

  Trata-se de ver e registrar, sistemática e fielmente, fatos e circunstâncias em situações concretas que foram definidas de antemão e que estejam ligados ao problema em estudo. Usa-se, às vezes, uma relação de dados e comportamentos que devem ser adotados quanto à sua freqüência e às circunstâncias em que acontecem.

  A observação participante propõe que o pesquisador participe como membro ativo dos fatos, apreendendo o significado que as pessoas atribuem aos seus atos.

  A observação é um método com muitas variantes que exige um conhecimento das técnicas de observação. Em geral, a observação está combinada com outras técnicas de pesquisa.

- *Questionário*

  É um conjunto de questões sobre o problema, previamente elaboradas, para serem respondidas por um interlocutor, por escrito ou oralmente. Neste último caso, o pesquisador se encarrega de preencher as questões respondidas.

O questionário pode ter questões *fechadas* (a resposta está limitada aos itens preestabelecidos), *abertas* (diante de um esquema de perguntas o interlocutor formula sua resposta), ou abertas e fechadas.

A elaboração do questionário pressupõe a apropriação de algumas técnicas para chegar aos problemas centrais da pesquisa. Elas estão explicadas na literatura pertinente e há obras que tratam especificamente da elaboração de questionários.

- *A entrevista*

A entrevista é uma comunicação entre dois interlocutores, o pesquisador e o informante, com a finalidade de esclarecer uma questão. Pode ser *livre* (o informante discorre como quiser sobre o assunto), *estruturada* (o informante responde sobre algumas perguntas específicas), ou semi-estruturada (discurso livre orientado por algumas perguntas-chaves).

4. *Construir os elementos necessários à coleta de dados*

Antes de ir a campo, é necessário elaborar o questionário, o esquema da entrevista, a grade de observação, as questões do texto etc. e o registro dos dados fundamentais da pesquisa.

A aplicação dos instrumentos requer um trabalho planejado para prever os procedimentos que serão adotados, as circunstâncias em que deverão ocorrer a fim de controlar as incidências das variáveis.

É necessário prever o modo como os dados serão analisados para adequar os instrumentos ao tipo de análise escolhido (computador, processo manual etc.).

5. *Definir a população da pesquisa ou experimentação*

A amostragem é um processo de determinação de um todo (população) e das unidades (elementos) que compõem um agregado (universo) em que uma parte (população estudada) será tomada como representativa de todo o agregado.

A amostragem é uma técnica utilizada quando o universo é muito grande ou é impossível contatar a totalidade dos elementos que o compõem. A operacionalização da população a ser estudada se baseia em alguns critérios que procuram minimizar as probabilidades de erro.

6. *Planificar a coleta de dados*

Determinar o tempo necessário e mais adequado à coleta de dados, a duração prevista, o pessoal necessário para efetuar este trabalho e a tarefa específica de cada pessoa, se houver mais de uma.

Deve-se prever a pré-pesquisa ou pesquisa piloto para uma apreciação *in loco* dos problemas e das circunstâncias que podem interferir na pesquisa, os contatos prévios com pessoas e ambiente, a testagem dos instrumentos etc.

Bibliografia

ACKOFF, R. L. *Planejamento da Pesquisa Social.* Trad. Leônidas Hegemberg e Octanny S. da Mota. São Paulo, Herder, 1967.

BABBIE, E. R. *The Practice of Social Research,* 2.ª ed. Belmond Cal., Wadworth, 1979.

BECKER, A. e BOSKOFF, A. *Modern Sociological Theory in Continuity and Change.* New York, Dresden Press, 1957.

BÉNEZÉ, G. *La Méthode Expérimentale,* 3.ª ed. Paris, PUF, 1967.

BLALOCK, H. M. (org.). *Causal Model in the Social Sciences.* Londres, MacMillan, 1974.

———— et alii (orgs.). *Quantitative Sociology.* Londres, Academic Press, 1975.

BOURDIEU, P., PASSERON, J. C. e CHAMBOREDON, J. C. *Le Métier de Sociologie.* Paris, Mouton, Bordas, 1968.

CHAPIN, F. S. *Experimental Design in Sociological Research.* ed. rev. Nova York, Harper and Brothers, 1955.

DI RENZO, R. (org.). *Concepts, Theory and Explanation in the Behavior Sciences.* Nova York, Random House, 1966.

DOBY, J. T. (coord.). *An Introduction to Social Research.* Harrisburg, EUA, Stackpol, 1954.

GALTUNG, J. *Teoría y Métodos de la Investigación Social.* Buenos Aires, Ed. Universitaria, 1966.

GOODE, W. J. e HATT, P. K. *Métodos em Pesquisas Sociais.* 7.ª ed. Trad. de Carolina Bori. São Paulo, Nacional, 1979.

GRANDY, R. E. (org.). *Theories and Observation in Sciences.* Englewood Cliffs, NJ, Prentice Hall, 1973.

GREER, S. *The Logic of Social Inquiry.* Chicago, Aldine, 1969.

LEMAINE, G. e LEMAINE, J. M. *Psychologie Sociale et Experimentation.* Paris, Mouton, Bordas, 1969.

MATALON, B. *Décrire, Expliquer, Prévoir: Démarches Expérimentales et Terrain.* Paris, Colin, 1988.

MERTON, R. K. *The Sociology of Sciences* (Theoretical and Empirical Investigation). Chicago, Univ. of Chicago Press, 1973.

OUELLET, A. *Processus de Recherche: Une Approche Systématique.* Quebec, Presses de l'Université de Quebec, 1981.

ROBINSON, R. *Definition.* Oxford, Clarendon Press, 1950.

ROSSI, J. P. et alii. *La Méthode Expérimentale en Psychologie.* Paris, Dunod, 1989.

SELLTIZ, C., JAHODA, M., DEUTSCH, M. e COOK, S. W. *Métodos da Pesquisa nas Relações Sociais.* Trad. Dante M. Leite. São Paulo, Herder, 1972.

WILLER, D. E. *Scientific Sociology: Theory and Method.* Englewood Cliffs, NJ, Prentice Hall, 1967.

ZETTERBERG, H. L. *On Theory and Verification in Sociology* 3.ª ed. Nova York, Bedminster Press, 1965.

3ª fase: A execução da pesquisa de campo

1. *Estabelecer um programa de trabalhos*

A pesquisa deve prever um cronograma de atividades, programando a duração de cada etapa e seu custo global. Este custo deve prever as despesas de pessoal e custeio: custo/homem, custo/hora, despesas administrativas. O cronograma pode ser escrito por gráficos sumários, prevendo a duração de cada fase.

2. *Coleta de dados*

Trata-se de aplicar o questionário, fazer a observação, realizar a entrevista de acordo com os objetivos da pesquisa, organizar os dados em gráficos estatísticos etc. A coleta de dados é um dos núcleos centrais da pesquisa, envolve vários aspectos indicados no capítulo sobre a coleta de dados.

3. *Analisar os resultados*

Trata-se de classificar, categorizar, compilar os dados, descrevê-los, analisá-los e chegar às conclusões a respeito da hipótese aventada no início, seja para confirmá-la, seja para infirmá-la.

A análise pressupõe uma concepção da realidade. Nas pesquisas experimentais, esta concepção é previamente apresentada no referencial teórico.

4ª fase: A redação do texto

1. *Redigir o texto preliminar*

A redação deve ser clara, apresentando o tema escolhido e as justificativas para sua escolha, a importância e os limites do trabalho, as hipóteses formuladas e suas limitações, a população-alvo, a metodologia seguida e o modo de obter e apresentar os dados obtidos, sem generalizações excessivas ou fora do âmbito estudado, podendo indicar, ainda, os prolongamentos eventuais suscitados pela pesquisa e pelas conclusões obtidas.

Nos cursos de mestrado e doutorado, a redação preliminar é submetida à análise de uma banca de qualificação que analisa, dá indicações, faz críticas e correções importantes para a melhoria ou aperfeiçoamento da pesquisa.

2. *Redigir o texto definitivo*

A redação do texto definitivo incorpora indicações e críticas pertinentes, oferecidas por terceiros. Nesta fase, o pesquisador completa os dados, redige a conclusão final e reescreve a introdução.

A introdução deve situar o leitor, expondo brevemente as justificativas, a delimitação do problema, a metodologia utilizada, a divisão das partes e a síntese das conclusões. Pode ser necessário expor fatos e circunstâncias que afetaram a pesquisa ou alguma das partes que a compõem.

A redação final deve seguir as normas padronizadas para apresentação de trabalhos científicos.

3. *Publicação*

Prever os trabalhos de publicação: formato, apresentação, resumos, gráficos, impressão, tipos de reprodução (fotocópias, offset, impressão), encadernação, capa, revisão final, custos com datilografia, reprodução ou impressão.

Bibliografia

ASSOCIAÇÃO BRASILEIRA DE NORMAS TÉCNICAS — ABNT. *Normas ABNT Sobre Documentação.* Rio de Janeiro, Atual, 1978 (NB/66/78).

BECKER, F., FARINA, S. e SCHEID, U. *Apresentação de Trabalhos Escolares*. Porto Alegre, Ed. Formação, s.d.

BENICHOUX, R. *Guide de la Communication Scientifique*. Paris, Lachurie, 1985.

CASTRO, C. de M. *Estrutura e Apresentação de Publicações Científicas*. São Paulo, McGraw-Hill, 1976.

FONSECA, E. N. da. *Problemas da Comunicação e da Informação Científica*. São Paulo, Thesaurus, 1973.

LEITE, J. A. A. *Metodologia da Elaboração de Teses*. São Paulo, McGraw-Hill, 1978.

LUFT, C. P. *O Escrito Científico: Sua Estrutura e Apresentação*. 4.ª ed. Porto Alegre, Lima Ed., 1974.

MACEDO, N. D. "Normas Para Referência Bibliográfica", *Revista Pedagogia*, São Paulo, 12(21):71-130.

PINARD, A., LAVOIE, G. e DELORME, A. *La Présentation des Thèses et des Rapports Scientifiques*. 2.ª ed. Montreal, Institut de Psychologie, 1965.

PLOT, B. *Écrire Une Thèse ou Un Mémoire en Sciences Humaines*. Paris, Champion, Unichamp, 1986.

PREISS, A. *La Dissertation Litteraire*. Paris, Colin, 1989.

REIS, J. "Preparo de Originais", *Ciência e Cultura* 24(4):339-348, abril de 1972.

UNIVERSIDADE FEDERAL DO PARANÁ, Biblioteca Central. *Normas de Apresentação de Trabalhos*. Curitiba, Ed. da UFPR, 1981.

Capítulo 3
A Coleta de Dados Quantitativos

1. Introdução

A coleta de dados é a etapa da pesquisa que exige um grande volume de tempo e trabalho para se reunir as informações indispensáveis à comprovação da hipótese. Pressupõe a organização criteriosa da técnica e a confecção de instrumentos adequados de registro e leitura dos dados colhidos em campo.

A coleta de dados comporta algumas normas que dependem e se ajustam ao tipo de pesquisa que se empreende. A definição da técnica e a elaboração do instrumento mais adequado à pesquisa não são arbitrárias. Estão conexas com as hipóteses que se quer comprovar, com os pressupostos que são assumidos e com a análise que se fará do material coligido. As técnicas e os instrumentos decorrem, pois, de decisões que são tomadas no início da pesquisa, com a formulação do problema a ser investigado.

Na pesquisa, em geral, coletam-se dados oriundos da observação ou dados que se obtêm suscitando respostas e declarações de pessoas capazes de fornecer informações úteis aos objetivos da pesquisa. As técnicas têm instrumentos elaborados para garantir o registro das informações (rol de comportamentos, relação de perguntas, questões escritas etc.), o controle e a análise dos dados coligidos.

As pesquisas têm sido caracterizadas pelo tipo de dados coletados e pela análise que se fará desses dados:

- *quantitativas:* prevêem a mensuração de variáveis preestabelecidas, procurando verificar e explicar sua influência sobre outras variáveis, mediante a análise da freqüência de incidências e de correlações estatísticas. O pesquisador descreve, explica e prediz;
- *qualitativas:* fundamentam-se em dados coligidos nas interações interpessoais, na co-participação das situações dos informantes, analisadas a partir da significação que estes dão aos seus atos. O pesquisador participa, compreende e interpreta.

Essas caracterizações por aspectos externos à pesquisa encerram oposições mais complexas, representadas tanto por concepções da realidade e pelo modo de aceder, legitimar e formalizar o conhecimento, quanto pelas técnicas mais eficazes de declarar verdadeiro um conhecimento.

A definição da técnica e dos instrumentos mais adequados à realização de uma pesquisa pode ser auxiliada pela pré-enquete ou projeto piloto que consiste em ir a campo e verificar *in loco* a pertinência dos dados procurados em relação às hipóteses, à adequação do instrumento aos objetivos da pesquisa e à objetividade das perguntas e dos procedimentos previstos. O projeto piloto visa testar a qualidade do projeto e a clareza das questões formuladas. Permite, ainda: discriminar o número de variáveis, clarificar os objetivos da pesquisa, prever as autorizações necessárias, o tempo e o pessoal disponíveis, além de programar o cronograma e o custo da pesquisa.

Os manuais de pesquisa tratam das técnicas e dos instrumentos de pesquisa. Alguns capítulos são indicados na bibliografia. As técnicas que dão suporte às análises qualitativas, como observação participante, história ou relatos de vida, estão referidas na segunda parte que trata das pesquisas qualitativas.

As pesquisas experimentais se apóiam em instrumentos adequados aos seus fins mensurativos. As principais técnicas que usam instrumentos sistematizados de coleta de informações mensuráveis são:

— observação sistemática ou estruturada;

— questionário fechado ou semi-aberto;

— entrevista diretiva ou estruturada.

As pesquisas experimentais adotam também algumas estratégias de experimentação, tais como, a simulação, a modelização ou, quando se trata de uma amostra finita de um universo, a sondagem.

2. Observação direta

A observação estruturada ou sistemática consiste na coleta e registro de eventos observados que foram previamente definidos. O observador, munido de uma listagem de comportamento, registra a ocorrência destes comportamentos em um determinado período de tempo, classificando-os em categorias ou caracterizando-os por meio de sinais.

No sistema de categorias, os comportamentos estão incluídos em um dos itens da relação de categorias que o observador definiu, previamente; no sistema de sinais, os registros são feitos em uma listagem de comportamentos bem precisos, assinalando a freqüência, a duração e outras circunstâncias, por meio de sinais gráficos.

O registro dos dados pode ocorrer no ato, observando-se diretamente, no momento em que ocorrem. Deste modo, pode-se observar os eventos no contexto em que se dão e observar a relação com outros atos e as circunstâncias que influenciaram a sua ocorrência, e permitir uma análise mais compreensiva dos dados. Pode-se também filmar os acontecimentos e extrair os dados de filmes e vídeos. Neste caso, a câmera fixa e seleciona um ângulo circunscrito da observação, permite repetir o evento e detalhar a observação, mas não capta os fatos intervenientes que se deram fora do plano da câmera.

A análise dos eventos observados deve produzir descrições que se fundamentem na freqüência das incidências e garantam a confiabilidade das descrições. A observação sistemática objetiva superar as ilusões das percepções imediatas e construir um objeto que, tratado por definições provisórias, seja descrito por conceitos e estes permitam ao observador formular hipóteses explicativas a serem ulteriormente constatadas e analisadas.

A observação estruturada, a partir dos anos 20, sob o patrocínio da American National Research, aprimorou as técnicas observacionais de sala de aula e difundiram-se os instrumentos de observação. Uma antologia elaborada em 1970 (Simon, A. e Boyer, E. G.) elenca 79 instrumentos de observação sistemáticos da sala de aula. O mais conhecido sistema de observação foi o FIAC (Flanders Interaction Analysis System) no qual um observador pode registrar ao vivo as informações sobre o clima sócio-emocional de uma classe a partir de dez categorias (oito no Flanders Expanded System), construídas por uma sofisticada técnica desenvolvida por Flanders. Quase todos os instrumentos de observação direta em classe derivaram do FIAC, segundo Galton. Estes instrumentos foram utilizados para observar uma situação estática e pouco mutável de alunos e professores do ensino elementar, com posições bem caracterizadas de ambos. Os interacionistas procuraram expor as limitações desse tipo de observação e a impossibilidade de se captar os significados dos atos observados no contexto.

Bibliografia

AMIDON, E. J. e HOUGH, J. B. (orgs.). *Interaction Analisys: Theory, Research and Applications.* Readings, Mass., Addison-Wesley, 1967.

EGGLESTON, J. F., GALTON, M. J. e JONES, M. E. *A Science Teaching Schedule.* Londres, MacMillan, 1975.

FLANDERS, N. A. *Analysing Teacher Behavior.* Reading, Mass., Addison-Wesley, 1970.

FRANCE. Ministère de l'Éducation Nationale. *Apprendre à Observer.* Paris, Ministère de l'Éducation Nationale, 1982.

GALTON. "Systematic Classroom Observation". In: TRAVERS, R. M. (org.). *Second Handbook of Research on Teaching:* Project of the American Educational Research Association. Chicago, Rand MacNally, 1983.

MICHELS-PHELIPPE, M. P. *L'Observation.* Neuchâtel, Delachaux et Niestlé, 1984.

KETELE, J. M. *Méthodologie de l'Observation.* Louvaina, Univ. Catholique de Louvain, 1983.

KOHN, R. C. *Les Enjeux de l'Observation.* Paris, PUF, 1982.

POSTIC, M. e KETELE, J. M. *Observer les Situations Éducatives.* Paris, PUF, 1988.

ROSENSHINE, B. e FURST, N. "The Use of Observation to Study Teaching", in: TRAVERS, R. R. *Second Handbook of Research on Teaching,* Project of the American Educational Research Association. Chicago, Rand MacNally, 1983.

SIMON, A. e BOYER, G. (orgs.). *Mirror of Behavior:* An Anthology of Observation Instrument. Filadélfia, Classroom Interaction Newsletter, Research for Better School, 1970, 2 vols.

3. Questionário

O questionário consiste em um conjunto de questões pré-elaboradas, sistemática e seqüencialmente dispostas em itens que constituem o tema da pesquisa, com o objetivo de suscitar dos informantes respostas por escrito ou verbalmente sobre assunto que os informantes saibam opinar ou informar. É uma interlocução planejada. Sua execução necessita que:

• *o pesquisador saiba:*

claramente as informações que busca, o objetivo da pesquisa e de cada uma das questões, o que e como pretende medir ou confirmar suas hipóteses. É uma tarefa que exige critério e planejamento para exaurir todos os aspectos dos dados que se quer obter, sem negligenciar os aspectos essenciais da pesquisa;

- *o informante compreenda:*

  claramente as questões que lhe são propostas, sem dúvidas de conteúdo com termos compatíveis com seu nível de informações, com sua condição e com suas reações pessoais;

- *o questionário contenha:*

  estrutura lógica: seja progressivo (parta do simples e vá para o complexo), seja preciso (uma questão por vez) e coerentemente articulado (as questões centrais ou "filtros" eliminem as questões derivadas), e que questões e subquestões componham um todo lógico e ordenado (unidade das partes), *linguagem* com palavras simples, usuais, exatas e facilmente inteligíveis, sem termos técnicos, especializados ou eruditos. O sentido preciso deve evitar ambigüidades, dúvidas ou incompreensões, recusas e "não sei", e produzir respostas curtas, rápidas e objetivas.

Os questionários são, em geral, testados: respondidos por alguns presumíveis informantes, para se identificar problemas de linguagem, de estrutura lógica ou das demais circunstâncias que podem prejudicar o instrumento.

A literatura trata sinteticamente de cada uma das partes e etapas de aplicação de questionários, adequados ao tipo e ao objetivo de diferentes pesquisas. Além das referências dos manuais, algumas obras específicas tratam exaustivamente dos múltiplos aspectos da técnica e da construção do questionário.

Bibliografia

ALBOU, P. *Les Questionnaires Psychologiques.* Paris, PUF, 1968.

BERDIE, D. R. e ANDERSON, J. F. *Questionnaires: Design and Use.* Nova Jersey, Scarecrow, 1974.

BRADBURN, N. e SUDMAN, S. *Improving Interview Method and Questionnaire Design.* San Francisco, Jossey Boss, 1981.

FLAMENT, T. C. *L'Analyse Booléenne du Questionnaire.* Paris, Haia, Mouton, 1976.

JACOBS, T. O. *Developing Questionnaires Itens.* How to do it well. Alexandria, Virgínia. Human Resource Research Organization, 1974.

JAVEAU, C. *L'Enquête par Questionnaire Manuel à l'Usage du Praticien,* 3.ª ed. Paris, Éditions de l'Organization, 1982.

LABAN, P. J. *Advanced Questionnaires. Design.* Cambridge, Mass., Abt, 1980.

LECLERCQ, D. *La Conception des Questions à Choix Multiple,* Bruxelas, Labor, Éducation 2000, 1986.

——————. *Qualité des Questions et Signification des Scores avec Application au QCM.* Bruxelas, Labor, 1987.

Le Questionnaire dans l'Enquête Psychosociale à l'Usage des Animateurs et Responsables. Connaissance du Problème et Applications Pratiques. Paris, ESF, Librairies Techniques de la Formation Permanente en Sciences Sociales, Séminaire de R. MUCCHIELLI, 1968.

OPPENHEIM, M. A. *Questionnaires Design and Attitude Measurement.* Londres, Heinemmann, 1966.

PAYNE, S. L. *The Art of Asking Questions.* Princeton, N. J., Princeton Univ. Press, 1951.

POURTOIS, J. P. e LHERMITTE, J. *Entrer a l'Université.* Bruxelas, Labor, Éducation 2000, 1986.

4. Entrevista dirigida

A entrevista dirigida em pesquisa é um tipo de comunicação entre um pesquisador que pretende colher informações sobre fenômenos e indivíduos que detenham essas informações e possam emiti-las. As informações colhidas sobre fatos e opiniões devem constituir-se em indicadores de variáveis que se pretende explicar. É, pois, um diálogo preparado com objetivos definidos e uma estratégia de trabalho.

Os objetivos da pesquisa fazem variar o grau de liberdade entre os interlocutores e o tipo de resposta do entrevistado. Quando se pretende informações simples e superficiais, as respostas podem ser precisas e estandartizadas sobre questões "fechadas" para servirem de indicadores explicativos do problema; quando o nível de profundidade psicológica da entrevista for mais profunda, as respostas são registradas a partir de questões previamente elaboradas sobre as quais o entrevistado discorre (questões semi-abertas) ou a partir do discurso livre do entrevistado sobre um tema, auxiliado pelo papel facilitador das respostas, que o entrevistador desenvolve. A entrevista pode ter uma forma não-diretiva, como ocorre em pesquisas de inspiração psicoterapêutica. Nesse caso, o tema é previsto, mas seu conteúdo e as palavras do diálogo são escolhidos livremente durante a entrevista.

O diálogo interpessoal e a relação interindividual dos interlocutores na entrevista podem provocar situações e reações emotivas, viés e erros, decorrentes da personalidade do pesquisador (origem social, percepções ou opiniões pessoais) ou de seu papel no curso da entrevista (oportunidade das questões, clareza na formulação das perguntas, manifestações pessoais de surpresa, agrado ou desaprovação às respostas).

Alguns riscos de erros podem ser minimizados com a explicitação prévia dos objetivos e fins que se almeja com a entrevista, com a escolha de um local e horário convenientes ao entrevistado e com a criação de um clima de colaboração e confiança.

A transcrição das informações pode ser feita por meio de notas manuscritas, respeitando-se o vocabulário, o estilo das respostas e as eventuais contradições da fala, ou por meio de gravador ou vídeo, se não houver reticências do entrevistado. Todas as informações transcritas devem ser passíveis de codificações para serem transformadas em indicadores e índices objetivos de variáveis que se pretende explorar.

Bibliografia

HYMAN, H. H. *Interviewing in Social Research.* Chicago, University of Chicago Press, 1954.

KAHAN, R. C. e CANNEL, C. F. *Dynamics of Interviewing.* Nova York, Wiley, 1957.

LAZARFELD, P. "The Art of Asking Why", in: KATZ, H., *Public Opinion and Propaganda.* Nova York, Holt, 1960.

MATARAZZO, J. D. e WIENS, A. N. *The Interview Research on its Anatomy and Structure.* Nova York, Aldine, 1972.

MERTON, R. K., FISKE, M. e KENDALL, P. L. *The Focused Interview.* Glencoe, Ill., Free Press, 1956.

NAHOUN, C. *L'Entretien Psychologique.* Paris, PUF, 1956, col. Le Psychologue.

PAYNE, S. L. *The Art of Asking Questions.* Princeton, University Press, 1951.

RICHARDSON, R. (org.). *Interviewing: its Forms and Functions.* Nova York, Behavioral Books Service, 1977.

SELLTIZ, C., JAHODA, M., DEUTSCH, M. e COOKS, S. W. *Métodos da Pesquisa nas Relações Sociais.* São Paulo, EPU, 1987.

SONDAGES, Revue Française de l'Opinion Publique. "Problèmes Méthodologiques de l'Entretien", Bibliografia Comentada. Paris, RFOP, 1961, 25 (2).

ZEMPLENI, P. "Problèmes Méthodologiques de l'Entretien", in: *Sondages,* Paris, RFOP, 1961, 23 (2).

5. Estratégias de experimentação

Conceitos

Em psicologia experimental, o raciocínio e a hipótese utilizaram-se da *representação* mental, geral e abstrata dos objetos (conceitos) que deve ser descrita com precisão. Os conceitos apreendem os caracteres significativos e distintos dos fatos e os organizam em uma concepção inteligível da realidade (teoria). O conceito elaborado designa, por abstração, o objeto segundo a teoria particular que o define e deve ser descrito por meio ou instrumentos que permitam especificá-los pelos seus efeitos (conceitos operacionais).

A tradução do conceito em dados observáveis é operacionalizada nos *indicadores* que permitem constatar a presença ou ausência de um atributo, o estado de uma variável nos dados observáveis (ex.: a crença descrita através da freqüência aos ritos ou de respostas a questões de opinião). A combinação de diferentes indicadores quantificáveis sobre um conceito forma um *índice* de dados observáveis que permitirão constatar a teoria.

Bibliografia

BLALOCK, H. M. Jr. *Conceptualization and Measurement in the Social Sciences.* Beverly Hills, Sage Publications, 1982.

CARLEY, M. *Indicadores Sociais. Teoria e Prática.* Trad. Vera Ribeiro. Rio de Janeiro, Zahar, 1985.

CONSEIL NATIONAL DU BIEN-ÊTRE SOCIAL. *Mesures de la Pauvreté: Seuils de la Pauvreté de 1983:* Ottawa, Conseil National du Bien-Être Social, 1983.

DICKINSON, M. G. e WATSON, G. *Political and Social Inquiry.* Nova York, Wiley, 1976.

MANHEIN J. B. e RICH R. C. *Empirical Political Analysis: Research Methods in Political Science.* Englewood Cliffs, NJ, Prentice Hall, 1981.

MILLER, D. C. *Handbook of Research Design and Social Measurement,* 3.ª ed. Nova York, Longman, 1977.

MORGENSTERN, O. *Précision et Incertitude des Données Économiques.* Paris, Dunod, 1972.

OCDE, *Les Indicateurs des Résultats des Systèmes d'Enseignements.* Paris, OCDE, 1973.

SHILVELY, W. P. *The Craft of Political Research: A Primer.* Englewood Cliffs, Prentice Hall, 1974.

WEBB, E. et alii. *Unobstrusive Measures: Non-Reactive Research in the Social Sciences.* Chicago, Rand McNally, 1966.

Medida de atitudes

A medida de atitudes é uma técnica, oriunda da psicologia social, que procura estabelecer uma escala de predisposição dos indivíduos diante de um objeto social (idéias, instituições etc.) traduzida em sentença e declarações que reflitam uma orientação positiva ou negativa e, por meio desta escala, procura-se medir o grau de aceitação ou rejeição a respeito de uma determinada matéria.

O método primitivo, usado por Bogadus em 1925, hierarquizava itens de um questionário sobre um objeto diante do qual o interrogado manifestava adesão ou não; as respostas expressavam a distância social entre o objeto e o respondente. Foram construídas diferentes escalas para medir atitudes que se diferenciam pelo modo como foram elaboradas e pelo modo de se validarem. Thurstone empregou em 1929 um conjunto de itens em escala de intervalos aparentemente iguais, que são validados por meio de "juízes" exteriores. A escala de Likert, em 1932, adotou a validação por meio da estatística, e Guttman, em 1944, criou uma escala a partir de proposições rigorosamente hierarquizadas, que se validam pela demonstração lógica.

As técnicas projetivas, usadas para diagnóstico da personalidade, recorrem a variados estímulos simbólicos, verbais, pictóricos para obter respostas que, quantificadas e examinadas por especialistas, são consideradas como indicadores de aspectos latentes à consciência do indivíduo.

Bibliografia

ALLPORT, G. W. e VERNON, P. E. *A Study of Values.* A Scale for Measurement the Dominant Interests in Personality, Manual of Directions. Boston, Houghton Mifflin, 1931.

ANDERSON, L. W. *Assessing Affective Characteritic in the School.* Boston, Allyn and Bacon, 1981.

BECK, S. J. A. *Rosharch's Test: Basic Process,* 2.ª ed. Nova York, Grune and Straton, 1949.

BOGARDUS, E. S. "Measuring Social Distance", *Journal of Applied Sociology*, 1925, 9:299-308.

BUROS, O. K. (org.). *The Eighth Mental Measurement Vearbook*. Highland Park, N. Jersey, Gryphon Press, 1978.

DEBATY, P. *La Mesure des Attitudes*. Paris, PUF, 1967.

EISHBEIN, M. e AJZEN, I. *Belief, Attitude, Intention and Behavior* (an Introduction to Theory and Research). Boston, Addison Wesley, 1975.

FISKE, D. W. *Measuring the Concepts of Personality*. Chicago, Aldine, 1971.

GARDNER, L. (org.). *Handbook of Social Psychology*. Cambridge, Mass., Addison Wesley, 1954.

GUTTMAN, L. "The Cornel Technique for Scale and Intensity Analysis", *Educational Measurement Review*, 1947, 7:247-79.

HALLORAN, J. D. *Attitude Formation and Change*. Nova York, Humanist Press, 1967.

HENERSON, M. et alii. *How to Measure Attitudes*. Beverly Hills, Sage Publications, 1978.

HIRSCHI, T. e SELVIN, H. C. *Recherche en Délinquence: Principes de l'Analyse Quantitative*. Haia, Mouton, 1975.

INSKO, C. A. *Theories of Attitude Change*. Englewood Cliffs, NJ, Prentice Hall, 1967.

LIKERT, R. A. "Technique for the Measurement of Attitudes", *Archives of Pychology*, 140, 1932.

MATALON, B. *L'Analyse Hiérarquique*. Haia, Mouton, 1965.

NUTTIN, J. M. Jr. *The Illusion of Attitude Change* (Towards a Response Contagion Theory of Persuasion). Louvaina, Leuven University Press, 1975.

OPPENHEIM, A. M. *Questionnaire Design and Attitude Measurement*. Nova York, Basic Books, 1966.

SCHUESSLEER, K. F. *Measuring Social Life Feelings*. S. Francisco, Jossey Bass, 1982.

SCHUMAN, H. e PRESSER, S. *Questions & Answers in Attitude Surveys*. Londres, Academic Press, 1981.

SEMEONOFF, B. *Projective Techniques*. Londres, Wiley, 1963.

SUIMMAS, G. F. *Attitude Measurement*. Chicago, Rand McNally, 1970.

THOMAS, R. e ALLAPHILIPPE, D. *Les Attitudes*. Paris, PUF, 1983.
THURSTHONE, L. L. e CHAVE, E. J. *The Measurement of Attitudes*. Chicago, Chicago Univ. Press, 1929.
TRIANDIS, H. C. *Attitude and Attitude Change*. Nova York, Wiley, 1971.
ZELLER, R. A. e CARMINES, E. G. *Measurement in the Social Sciences*. Cambridge, Cambridge University Press, 1980.

Sondagem

Sondagem é um tipo de pesquisa que visa obter dados mensuráveis de uma amostra finita de indivíduos a partir de uma população predefinida. Caracteriza-se pelo tamanho restrito da amostra a fim de obter, a custo módico e tempo breve, informações descritivas de uma população-alvo ou avaliar relações entre fatores predefinidos. A sondagem é utilizada, sobretudo, para se estabelecer relações explanatórias entre variáveis a serem investigadas, testar hipóteses provenientes de estudos de pequenos grupos, identificar interesses e opiniões atuais de parcelas de uma população.

Como pesquisa quantitativa, a sondagem supõe a delimitação clara dos objetivos da investigação, a definição da população, das variáveis a serem investigadas, do método de coleta de dados e das técnicas, tanto da extração da amostra representativa, como da administração do instrumento e da codificação dos dados. A sondagem privilegia instrumentos que obtenham informações objetivas (questionário fechado, entrevista estruturada), passíveis de tratamento estatístico por meio de programas informatizados de ordenação e análise dos dados coligidos.

As sondagens alcançaram um elevado nível de fidedignidade graças ao desenvolvimento de técnicas aprimoradas de extração de amostras e coleta de dados, ao uso sistemático de cálculos probabilísticos, ao cálculo estatístico da margem de erro e emprego de sistemas informatizados de análise das informações, por meio de programas de computador. As sondagens de opinião, largamente usadas na pesquisa mercadológica, passaram a ter uma grande relevância em pesquisas eleitorais, publicitárias e no levantamento das intenções do público. Nascida da impossibilidade prática de abordar individualmente uma população, a sondagem incorporou técnicas estatísticas e cálculos probabilísticos para recolher informações quantificáveis de coletividades definidas. Para isso, observa regras precisas, mas adota métodos flexíveis de extração da amostra.

Os métodos de extrair amostras são *empíricos* quando não se pretende obter uma representatividade absoluta, e a pesquisa seleciona a amostragem, apoiando-se em um julgamento (amostra por julgamento) ou seleciona porções determinadas por algumas características (amostra por cotas). As amostras *probabilísticas* usam o cálculo probabilístico para extrair amostras, segundo as leis do acaso. Neste caso, a amostragem é feita por sorteio de uma base populacional que contém a totalidade dos indivíduos (amostra aleatória ou por sorteio) ou ainda pela escolha em intervalos fixos dos dados originais de uma seqüência (amostra sistemática) ou pela seleção feita a partir de estratos definidos de uma população, segundo algumas características privilegiadas na escolha (amostra estratificada) ou ainda pela escolha de alguns estratos ou grupos previamente selecionados (amostra em escalas ou graus).

Bibliografia

ANTOINE, J. *L'Opinion: Techniques d'Enquêtes par Sondage.* Paris, Dunod, 1969.

BABBIE, E. R. *Survey Research Methods.* Belmont, Wadsworth, 1963.

BACHER, F. *Les Enquêtes en Psychologie.* P. U. Lille, Sciences Humaines, 1982, 2 vols. (1: La description; 2: Explication).

BLANCHET, A. et alii. *Les Techniques d'Enquête en Sciences Sociales.* Paris, Dunod, 1987.

CONWAY, F. *Sampling: an Introduction for Social Scientist.* Londres, G. Allen and Unwin, 1967.

DEROO, M. e DUSSAIX, A. M. *Pratique et Analyse des Enquêtes Par Sondage: Études de Marché — Tests de Produits*. Paris, PUF, 1980.

DESABIE, J. *Théorie et Pratique des Sondages*. Paris, Dunod, 1966.

DILLMAN, Don A. *Mail and Telephone Surveys: a Total Design Methods*. Nova York, Wiley, 1978.

FREY, J. *Survey Research by Telephone*. Beverly Hills, Sage Publications, 1983.

GAUTHIER, B. *Les Sondages Politiques au Quebec* (Leur Méthodologie et Leur Traitement Journalistique, 1979-1981). Ottawa, Université de Ottawa, Department de Sciences Politiques, 1981.

GHIGLIONE, R. e MATALON, B. *Les Enquêtes Sociologiques: Théories et Pratiques*. Paris, Colin, 1978.

HANSEN, M. H., HUWIT, W. N. e MADOW, W. G. *Sample Survey Methods and Theory*. Nova York, Wiley, 1986, 2 vols.

HOINVILLE, G. et alii. *Survey Research Practice*. Londres, Heinemman, 1978.

JAVEAU, C. e LEGROS-BAWIN, B. *Les Sondages en Question*. Bruxelas, A. de Boeck, 1977.

KALTON, G. *Introduction to Survey Sampling:* Beverly Hills, Sage Publications, 1983.

MAX, A. *La République des Sondagens*. Paris, Gallimard, 1981.

MOSER, C. A. e KALTON, G. *Survey Methods in Social Investigations*. Londres, Heinemman, 1971.

NATIONAL RESEARCH COUNCIL. *Privacy and Confidentiality as Factos in Survey Response*. Washington, National Academy of Sciences, 1979.

O'MUICHEARTAIG, C. A. e PAYNE, O. (orgs.). *The Analysis of Survey Data*. Nova York, Wiley, 1969.

ROKHAN, S. et alii. *Comparative Survey Analysis*. Paris, Mouton, 1969.

ROSENBERG, M. *The Logic of Survey Analysis*. Nova York, Basic Books, 1968.

SCHUMAM, H. e PRESSER, S. *Questions and Answers in Attitude Surveys* (Experiments on Question Form, Wording and Context). Nova York, Academic Press, 1981.

SONQUIST, J. e ADUNKELBERG, W. C. *Survey and Opinion Research* (Procedures of processing and analysis). Englewood Cliffs, NJ, Prentice Hall, 1977.

STOETZEL, J. *Sondages d'Opinion Publique.* Paris, PUF, 1973.

STUART, A. *Basic Ideas of Scientific Sampling.* 2.ª ed. Londres, Griffin, 1976.

SUDMAN, S. *Applied Sampling.* Nova York, Wiley, 1976.

SIMULAÇÃO E MODELIZAÇÃO

A simulação e a modelização são operacionalizações em objetos, ou a concretização em um modelo, de uma teoria da realidade que se pretende explicar. O uso destas estratégias pode empregar máquinas, jogos, computador ou pessoas.

Bibliografia

ASHER, H. B. *Causal Modeling.* Beverly Hills, Sage Publ., 1983.

BORDELEAU, I. et alii. *Comprendre l'Organization: Approches de Recherche.* Montreal, Agence d'ARC, 1982.

BOUDON, R. "Quelques Fonctions de la Formalization en Sociologie", *Archives Européennes de Sociologie,* 4:191-218, 1963.

BROWN, G., CHERRINGTON, D. H. e COHEN, L. *Experiments in the Social Sciences.* Nova York, Harper and Row, 1975.

CAMPBELL, D. T. e STANLEY, J. C. *Experimental and Quasi-Experimental Design for Research.* Chicago, Rand McNally, 1963.

COYLE, R. G. *Management Systems Dynamics.* Nova York, Wiley, 1977.

FAIRWEATHER, G. W. e TOMATZY, L. G. *Experimental Methods for Social Policy Research.* Nova York, Pergamon Press, 1977.

FORRESTER, J. W. *Principes des Systèmes.* Lyon, Presses Universitaires de Lyon, 1981.

GLENNBLAT, C. S. e DUKE, R. D. *Principles and Practices of Gaming-Simulation.* Beverly Hills, Sage Publications, 1981.

LADOUCER, R. e BEGIN, G. *Protocoles de Recherche en Sciences Appliqués et Fondamentales.* Saint Hyacinthe, Edisen, 1980.

LAPONCE, J. A. e SMOKER, P. (orgs.). *Experimental and Simulation in Political Science.* Toronto, University of Toronto Press, 1972.

MEADOWS, D. L. et alii. *Dynamique de la Croissance.* Paris, Economica, 1979.

PUGH III, A. L. *Dynamo User's Manual.* 5.ª ed. Cambridge, Mass., MIT Press, 1976.

RICHARDSON, G. P. e PUGH III, A. L. *Introduction to System Dynamics with Dynamo.* Cambridge, Mass., Addison-Wesley, 1982.

SMITH, G. *Social Needs: Policy, Practice and Research.* Londres, Routledge and Kegan Paul, 1980.

SONDAGE D'OPINION (Le). Séminaire Bérthier. Paris, EME, ESF, 1978.

SONDAGES, Comité des. *Sondages Politiques et Politique des Sondages.* Montreal, Société Canadienne de Science Politique, 1979.

SPECTOR, P. E. *Research Designs.* Beverly Hills, Sage Publications, 1981.

STARBUCK, D. *Computer Simulation of Human Behavior.* Nova York, Wiley, 1971.

SURVEY RESEARCH CENTER, *Interviers Manual.* Washington, An Arbor Institut for Social Research, 1976.

YAMANE, T. *Elementary Sampling Theory.* Englewood Cliffs, N. J., Prentice Hall, 1967.

YOUNG, P. V. *Scientific Social Surveys and Research.* 2.ª ed. Englewood Cliffs, N. J., Prentice Hall, 1969.

ZEIGLER, B. P. *Theory of Modeling and Simulation.* Nova York, Wiley, 1976.

Capítulo 4
Análise dos Dados Quantitativos

1. Introdução

A análise dos dados em pesquisa experimental supõe a quantificação dos eventos para submetê-los à classificação, mensuração e análise. Seu objetivo é propor uma explicação do conjunto de dados reunidos a partir de uma conceitualização da realidade percebida ou observada.

Para essa análise, utiliza-se de análises estatísticas ou sistêmicas. Pode-se recorrer também a análises comparativas, históricas, genéticas etc.

Usa-se a análise estatística para mostrar a relação entre variáveis por gráficos, classificados por categorias e medidos por cálculos de parâmetros característicos (média, mediana e quartis etc.) ou para mostrar a relação entre variáveis. Os processos de análise estatística, com o auxílio do computador, abreviaram muito a ordenação explanatória dos dados e os meios de correlacionar variáveis, ampliando as possibilidades de correlação, comparação e análise dos dados.

A análise sistêmica pressupõe a interdependência das partes em relação ao todo e visa construir um modelo ou um quadro teórico aplicável à análise do sistema sócio-cultural a partir das semelhanças e diferenças entre tipos de sistemas diferentes.

O termo sistema é utilizado na acepção dada por diferentes tendências. As mais usuais são dadas pela orientação estrutural funcionalista de Parsons (1951) e seus discípulos, para os quais a organização social depende do sistema *social* (interação entre os indivíduos) e do sistema *cultural* (normas, valores, ideologias etc.) que são, às vezes, distintos e dependentes. Os elementos estáveis que compõem a estrutra social (papéis, coletividades, normas e valores) são mantidos pelas *funções* que reequilibram as ameaças de desestabilidade como a função de estabilidade normativa, a de integração, a de adaptação e a de realização dos fins. A tendência natural de todo sistema é o equilíbrio.

Outra tendência se inspira na cibernética, da qual retira os conceitos para analisar o sistema de decisão política, como Deutsch (1966), ou analisar a persistência de sistemas políticos através da mudança, como faz Easton (1963).

Bibliografia

BENZECKRI, J. P. (org.). *L'Analyse des Données,* 2.ª ed. Paris, Dunod, 1976, 2 vols. (1: La Taxonomie; 2: L'Analyse des Correspondences).

————————; BENZECKRI, F., BASTIN, Ch. et alii. *L'Analyse des Correspondences: Exposé Elémentaire (t. 1).; Abrégé Théorique: Études des Cas Modèles (t. 2.)* Paris, Bordas, 1980.

BERTIER, P. *L'Analyse des Données Multi-Dimensionnelles.* Paris, PUF, 1975.

BOUROCHE, J. M. e SAPORTA, G. *L'Analyse des Données.* Paris, PUF, 1980, col. Que Sais-Je?.

CHEVALIER, F. *Systèmes et Modèles: Une Introduction à la Méthode des Indicateurs.* Paris, CNRS, 1984.

CIBOIS, P. *Analyse Factorielle.* Paris, PUF, 1983, col. Que Sais-Je?.

————————. *L'Analyse des Données en Sociologie.* Paris, PUF, 1984.

FENELON, J. P. *Qu'est-ce Que l'Analyse des Données?* Paris, Lefonen, 1981.

JAMBU, H. e LEBAUX, M. L. *Classification Automatique pour l'Analyse des Données.* Paris, Bordas, 1980, 2 vols. (1: Méthode et Algoritmes; 2. Logiciels).

MESURES (DES). Paris, Presses Universitaires de Lyon, 1986.

VILLEMIN, A. *Informatique et Traitement de l'Information en Lettres et Sciences Humaines.* Paris, Masson, 1987.

2. Tratamento estatístico

BALLIF, J. F. *Analyse Multivariée: Un Modèle Descriptif Général.* Bern, Peter Lang, 1986.

BARBUT, M. *Mathématiques des Sciences Humaines.* Paris, PUF, Sup. Le Psychologue, 2 vols. (1: Combinatoire et Algèbre, 4.ª ed., 1976; 2: Nombres et Mesures, 2.ª ed., 1970).

BARRA, J. R. *Notions Fondamentales de Statistiques Mathématiques: Maîtrise de Mathématiques et Applications Fondamentales.* Paris, Dunod, 1971.

BOURDON, R. *L'Analyse Mathématiques des Faits Sociaux.* Paris, Plon, 1967.

CARDINET, J. e TOURNEUR, Y. *Assurer la Mesure: Guide pour les Études de Généralité.* Nova York, Peter Lang, 1985.

——————. *Analyse de Variance et Théorie de la Généralisibilité: Guide pour la Réalisation de Calculs.* Mons. Université de l'État, Service d'Études des Méthodes et des Moyens d'Enseignement, 1979.

COHEN, J. *Statistical Power Analysis for the Behavior Sciences.* Nova York. Academic Press, 1977.

COHEN, V. *Mathématiques pour les Sciences Sociales.* Paris, PUF, Systèmes-Décisions, 1971.

COX, D. e LEWIS, P. *Statistical Analysis of Series of Events.* Nova York, Halsted, 1966.

D'HAINAUT, L. *Concepts et Méthodes de la Statistique: un Guide pour L'Application de l'Outil Statistique aux Phénomènes et aux Situations en Sciences de l'Homme et de l'Éducation.* Paris, Nathan; Bruxelas, Labor, 2 vols. (1: Une Variable, Une Dimension, 1975; 2: Deux ou Trois Variables, Deux ou Trois Dimensions, 1978).

EHRLICH, S. e FLAMENT, C. *Précis de Statistique.* Paris, PUF. Le Psychologue, 1964.

FAVERGE, J. M. *Méthodes Statistiques en Psychologie Appliquée.* Paris, PUF, Bibliothèque Scientifique Internationale, Section Psychologie, 1965, 3 tomes.

FENELON, J. P. et alii. *Traitement des Données Statistiques.* Paris, Dunod, Décision, 1970.

FLAMENT, C. *Théorie des Graphes, Structures Sociales.* Paris, Gauthier-Villars, Mouton, École Pratique des Hautes Études, 1968.

GENDRE, F. *L'Analyse Statistique Univariée: Introduction à son Utilisation Pratique.* Genebra, Droz, 1977.

GOGUELIN, P. *Méthodes Élémentaires de Calcul Statistique.* Clamart, Éd. Scientifiques Guyot, 1978.

GUERBER, L. e HENNEQUIN, P. L. *Initiation à la Statistique: Pour Apprendre à Conjecturer.* Paris, Association des Professeurs de Mathématiques de L'Enseignement Public, 1967.

LAFORGE, H. *Analyse Multivariée et Plan d'Expérience.* Laval, Québec, P. U. Laval, 1976.

KERGALL, Y. *Méthodes de Programmation en Basic.* Paris, Eyroles, 1987.

3. Tratamento sistêmico

BAREL, Y. *La Reproduction Sociale: Systèmes Vivants, Invariance et Changement.* Paris, Anthropos, 1973.

BEAUDOT, A. e GONIN-LAFOND, A. (org.). *L'Analyse de Système à l'Étude du Fonctionnement Scolaire.* Colloque Internationale à Sèvres — 1980. Paris, INRP; Sèvres, CIEP, 1981.

BERBAUM, J. *Étude Systématique des Actions de Formation: Introduction à Une Méthodologie de Recherche.* Paris, PUF, 1982.

BERTALANFY, L. V. *Théorie Générale des Systèmes.* Paris, Dunod, 1973.

DEUTSCH, K. W. *Nerves of Government.* Nova York, Free Press 1966.

DURAND, D. *La Systémique.* Paris, PUF, 1979, col. Que sais-je?.

EASTON, D. *The Political System.* Nova York, A. A. Knoff, 1953.

FORRESTER, J. W. *Principes des Systèmes.* Lyon, Presses Universitaires, 1981.

LAIERRE. *L'Analyse des Systèmes Politiques.* Paris, PUF, 1974.

LANGOUET, G. *Mesure et Statistique en Milieu Éducatif.* Paris, ESF, 1981.

LAVOIE, R. *Statistique Appliquée: Auto-Apprentissage par Objetifs.* Sillery, Presses Universitaires de Québec, 1982.

LEBART, L. MORINEAU, A. e TABARD, N. *Techniques de la Description Statistique.* Paris, Bordas, Dunod, 1978.

———— e FENELON, J. P. *Statistique et Informatique Appliquées.* 2.ª ed. Paris, Dunod, 1973.

LEMIEUX, A. *Comment Présenter un Projet de Recherche: Approche Systémique* (Théorie et Pratique). Montreal, Ville Marie, 1981.

LE MOIGNE, J. L. *La Théorie du Système Général: Théorie de la Modelisation.* Paris, PUF, 1977.

————. *Les Systèmes de Décision Dans les Organizations.* Paris, PUF, 1974.

LERBET, G. *Approche Systémique et Production du Savoir.* Paris, Ed. Universitaire, Mesonances, 1984.

LERESCHE, G. *Calcul de Probabilités.* Berna, Francfort, Peter Lang 1981.

MATALON, B. *L'Analyse Hiérarquique.* Paris, Mouton, Gauthiers Villars, 1965.

MENGAL, P. *Statistique Descriptive Appliquée aux Sciences Humaines.* Francfort, Peter Lang, 1984.

MORONEY, M. J. *Comprendre la Statistique, Vérités et Mensongens de Chiffres.* Montreal, Gerard, Marabout Université, 1970.

MULLER, C. *Initiation aux Méthodes de la Statistique Linguistique.* Paris, Hachette Université, 1973.

MULLER, O. *Principes et Méthodes de Statistique Lexicales.* Paris, Hachette, 1977.

NADLER, G. *La Conception des Systèmes: Approche du Système Idéal.* Louvain, Vander, 1978.

OCDE. *Les Indicateurs de Résultats des Systèmes d'Enseignements.* Paris, OCDE, 1973.

PARSONS, T. *The Structure of Social Action.* Glencoe, Ill., Free Press, 1949.

POPPER, J. *La Dynamique des Systèmes.* Paris, Eyrolles, 1973.

REUCHELIN, M. *Méthodes d'Analyse Factorielle à l'Usage des Psychologues.* Paris, PUF, 1964.

—————. *Précis de Statistique, Présentation Notionelle.* Paris, PUF, Le Psychologue, 1979.

ROSNAY, J. de. *Le Macroscope: Vers une Vision Globale.* Paris, Seuil, 1975.

ROUANE, T. H., LE ROUX, B. e BERT, M. *Statistiques en Sciences Humaines* (Procédures Naturelles), Paris, Dunod, 1987.

ROURE, F. e BUTERY, A. *Mathématiques pour les Sciences Sociales.* Paris, PUF, 1970.

SAINT ARNAULT, Y. *La Psychologie: Modèle Systémique.* Montreal, Presses de l'Université, 1979.

SIMON, H. A. *La Science des Systèmes.* Paris, Epi, 1981.

THILL, G. e FELTZ B. (org.). *Auto-Organization et Approche Systémique des Approches de Recherches.* Namur, PUN, 1986.

TORRENS-IBERN, S. *Modèles et Méthodes de l'Analyse Factorielle.* Paris, Dunod, 1972.

UNESCO. *L'Educateur et l'Approche Systémique: Manuel pour Améliorer la Pratique de l'Éducation,* 2.ª ed. Paris, Unesco, 1984.

WALLISER, B. *Systèmes et Modèles: Introduction Critique à l'Analyse des Systèmes-Essai.* Paris, Seuil, 1977.

Parte II:
PESQUISA QUALITATIVA

Capítulo 1
Da Pesquisa Qualitativa

1. Introdução

Os postulados do espírito positivo inspiraram esta orientação em pesquisas: a investigação da constância, da estabilidade, da ordem e das relações causais explicativas dos fenômenos, em todos os domínios das ciências da natureza. A procura da estrutura permanente e das leis invariáveis dos eventos naturais, assim como as conclusões preditíveis dos fatos observados, imprimiram uma orientação que subsiste como um marco da ciência moderna.

O determinismo mecanicista de Laplace e o mecanicismo da física de Newton, que inspiraram o espírito positivo, fizeram supor que, conhecendo os impulsos e as posições dos corpos e de partículas materiais ínfimas, poder-se-ia, pelo cálculo, estabelecer predições infalíveis ou extrair as leis mecânicas da evolução anterior e futura. O desenvolvimento da física atômica, a teoria da relatividade, da termodinâmica e da cosmologia revelaram, porém, a complexidade imprevisível dos fenômenos, a mutabilidade, a fluência e a instabilidade dos eventos naturais. A matemática moderna, especialmente a geometria não-euclidiana e a teoria dos conjuntos demonstraram que certezas deduzidas de postulados evidentes e inquestionáveis decorriam da estrutura axiomática dos sistemas matemáticos. Tanto o desenvolvimento da física quanto o da matemática puseram em crise o edifício de certezas seguras do cientificismo, questionaram a infalibilidade das ciências, demonstraram a inviabilidade de previsões absolutas e recuperaram a validade da interpretação dos fenômenos.

Nas ciências humanas e sociais, a hegemonia das pesquisas positivas, que privilegiavam a busca da estabilidade constante dos fenômenos humanos, a estrutura fixa das relações e a ordem permanente dos vínculos sociais, foi questionada pelas pesquisas que se empenharam em mostrar a complexidade e as contradições de fenômenos singulares, a imprevisibilidade e a originalidade criadora das relações interpessoais e sociais. Partindo de fenômenos aparentemente simples de fatos singulares, essas novas pesquisas valorizaram aspectos qualitativos dos fenômenos, expuseram a complexidade da vida humana e evidenciaram significados ignorados da vida social.

Os pesquisadores que adotaram essa orientação se subtraíram à verificação das regularidades para se dedicarem à análise dos significados que os indivíduos dão às suas ações, no meio ecológico em que constroem suas vidas e suas relações, à compreensão do sentido dos atos e das decisões dos atores sociais ou, então, dos vínculos indissociáveis das ações particulares com o contexto social em que estas se dão.

2. Pressupostos da Pesquisa qualitativa

A pesquisa qualitativa é uma designação que abriga correntes de pesquisa muito diferentes. Em síntese, essas correntes se fundamentam em alguns pressupostos contrários ao modelo experimental e adotam métodos e técnicas de pesquisa diferentes dos estudos experimentais.

Os cientistas que partilham da abordagem qualitativa em pesquisa se opõem, em geral, ao pressuposto experimental que defende um padrão único de pesquisa para todas as ciências, calcado no modelo de estudo das ciências da natureza. Estes cientistas se recusam a admitir que as ciências humanas e sociais devam-se conduzir pelo paradigma das ciências da natureza e devam legitimar seus conhecimentos por processos quantificáveis que venham a se transformar, por técnicas de mensuração, em leis e explicações gerais. Afirmam, em oposição aos experimentalistas, que as ciências humanas têm sua especificidade — o estudo do comportamento humano e social — que faz delas ciências específicas, com metodologia própria. Consideram, ainda, que a adoção de modelos estritamente experimentais conduz a generalizações errôneas em ciências humanas, baseiam-se em um simplismo conceitual que não apreende um campo científico específico e dissimulam, sob pretexto de um modelo único, o controle ideológico das pesquisas. Em oposição ao método experimental, estes cientistas optam pelo *método clínico* (a descrição do homem em um dado momento, em uma dada cultura) e pelo *método histórico-antropológico,* que captam os aspectos específicos dos dados e acontecimentos no contexto em que acontecem.

Um segundo marco que separa a pesquisa qualitativa dos estudos experimentais está na forma como apreende e legitima os conhecimentos. A abordagem qualitativa parte do fundamento de que há uma relação dinâmica entre o mundo real e o sujeito, uma interdependência viva entre o sujeito e o objeto, um vínculo indissociável entre o mundo objetivo e a subjetividade do sujeito. O conhecimento não se reduz a um rol de dados isolados, conectados por uma teoria explicativa; o sujeito-observador é parte integrante do processo de conhecimento e interpreta os fenômenos, atribuindo-lhes um significado. O objeto não é um dado inerte e neutro; está possuído de significados e relações que sujeitos concretos criam em suas ações.

3. Orientações filosóficas e pesquisas qualitativas

As orientações filosóficas que afirmam essa relação sempre presente no conhecimento são, principalmente, a fenomenologia e a dialética.

A fenomenologia considera que a imersão no cotidiano e a familiaridade com as coisas tangíveis velam os fenômenos. É necessário ir além das manifestações imediatas para captá-los e desvelar o sentido oculto das impressões imediatas. O sujeito precisa ultrapassar as aparências para alcançar a essência dos fenômenos.

O interacionismo simbólico da escola de Chicago, apoiando-se na fenomenologia, rejeita o modelo de pesquisas quantitativas e os conceitos de causalidade e rigor mensurável das pesquisas experimentais em ciências humanas para investigar o sentido que os atores sociais dão aos objetos, pessoas e símbolos com os quais constroem o seu mundo social. Nas interações sociais, os indivíduos forjam comportamentos antecipados de outrem e agem em razão de comportamentos esperados dos outros (teoria do ator). A pesquisa não pode ser o produto de um observador postado fora das significações que os indivíduos atribuem aos seus atos; deve, pelo contrário, ser o desvelamento do sentido social que os indivíduos constroem em suas interações cotidianas.

A etnometodologia, inspirada na perspectiva fenomenológica, procura investigar as atividades práticas e triviais dos atores sociais e compreender o sentido que os atores atribuem aos fatos e acontecimentos da vida diária. Os métodos quantitativos acabam distanciando o pesquisador do verdadeiro objeto da investigação e se tornam ineficazes para compreender as ações práticas dos sujeitos, em sua vida prática.

A dialética também insiste na relação dinâmica entre o sujeito e o objeto, no processo de conhecimento. Não se detém, como os interacionistas e etnometodólogos, no vivido e nas significações subjetivas dos atores sociais. Valoriza a contradição dinâmica do fato observado e a atividade criadora do sujeito que observa, as oposições contraditórias entre o todo e a parte e os vínculos do saber e do agir com a vida social dos homens.

O pesquisador é um ativo descobridor do significado das ações e das relações que se ocultam nas estruturas sociais.

4. Aspectos da pesquisa qualitativa

A pesquisa qualitativa tem alguns aspectos característicos, tais como:

4.1. *A delimitação e formulação do problema*

O problema, na pesquisa qualitativa, não é uma definição apriorística, fruto de um distanciamento que o pesquisador se impõe para extrair as leis constantes que o explicam e cuja freqüência e regularidade pode-se comprovar pela observação direta e pela verificação experimental.

Um problema de pesquisa não pode, desse modo, ficar reduzido a uma hipótese previamente aventada, ou a algumas variáveis que serão avaliadas por um modelo teórico preconcebido. O problema decorre, antes de tudo, de um processo indutivo que se vai definindo e se delimitando na exploração dos contextos ecológico e social, onde se realiza a pesquisa; da observação reiterada e participante do objeto pesquisado, e dos contatos duradouros com informantes que conhecem esse objeto e emitem juízos sobre ele.

A delimitação do problema não resulta de uma afirmação prévia e individual, formulada pelo pesquisador e para a qual recolhe dados comprobatórios. O problema afigura-se como um obstáculo, percebido pelos sujeitos de modo parcial e fragmentado, e analisado assistematicamente. A identificação do problema e sua delimitação pressupõem uma imersão do pesquisador na vida e no contexto, no passado e nas circunstâncias presentes que condicionam o problema. Pressupõem, também, uma partilha prática nas experiências e percepções que os sujeitos possuem desses problemas, para descobrir os fenômenos além de suas aparências imediatas. A delimitação é feita, pois, em campo onde a questão inicial é explicitada, revista e reorientada a partir do contexto e das informações das pessoas ou grupos envolvidos na pesquisa.

4.2. *O pesquisador*

O pesquisador é parte fundamental da pesquisa qualitativa. Ele deve, preliminarmente, despojar-se de preconceitos, predisposições para assumir uma atitude aberta a todas as manifestações que observa, sem adiantar explicações nem conduzir-se pelas aparências imediatas, a fim de alcançar uma compreensão global dos fenômenos. Essa compreensão será alcançada com uma conduta participante que partilhe da cultura, das práticas, das percepções e experiências dos sujeitos da pesquisa, procurando compreender a significação social por eles atribuída ao mundo que os circunda e aos atos que realizam. Essa participação não pode ser mera concessão de um sábio, provisoriamente humilde, para efeitos de pesquisa. Supõe que o conhecimento é uma obra coletiva e que todos os envolvidos na pesquisa podem identificar criticamente seus problemas e suas necessidades, encontrar alternativas e propor estratégias adequadas de ação.

O pesquisador não se transforma em mero relator passivo: sua imersão no cotidiano, a familiaridade com os acontecimentos diários e a percepção das concepções que embasam práticas e costumes supõem que os sujeitos da pesquisa têm representações, parciais e incompletas, mas construídas com relativa coerência em relação à sua visão e à sua experiência. A descrição minudente, cuidadosa e atilada é muito importante; uma vez que deve captar o universo das percepções, das emoções e das interpretações dos informantes em seu contexto. O pesquisador deve manter uma conduta participante: a partilha substantiva na vida e nos problemas das pessoas, o compromisso que se vai adensando na medida em que são identificados os problemas e as necessidades e formuladas as estratégias de superação dessas necessidades ou resolvidos os obstáculos que interferiam na ação dos sujeitos.

O pesquisador deve, segundo alguns, experienciar o espaço e o tempo vivido pelos investigados e partilhar de suas experiências, para reconstituir adequadamente o sentido que os atores sociais lhes dão a elas (pesquisa implicada). Outros advogam o engajamento deliberado do pesquisador nos confrontos ideológicos e políticos da sociedade e o compromisso manifesto com as frações de classe subalternas. Para estes, especialmente, a pesquisa é um processo de formação e ação que deve provocar uma tomada de consciência pelos próprios pesquisados dos seus problemas e das condições que os determinam, para organizar os meios de defender e promover seus próprios interesses sociais. O pesquisador, identificado organicamente com a vida e os interesses sociais dos sujeitos da pesquisa, nesta os forma para a ação e para a atuação política (pesquisa militante).

4.3. *Os pesquisados*

Na pesquisa qualitativa, todas as pessoas que participam da pesquisa são reconhecidas como sujeitos que elaboram conhecimentos e produzem práticas adequadas para intervir nos problemas que identificam. Pressupõe-se, pois, que elas têm um conhecimento prático, de senso comum e representações relativamente elaboradas que formam uma concepção de vida e orientam as suas ações individuais. Isto não significa que a vivência diária, a experiência cotidiana e os conhecimentos práticos reflitam um conhecimento crítico que relacione esses saberes particulares com a totalidade, as experiências individuais com o contexto geral da sociedade.

Supõe-se que "os atores sociais não são imbecis", na expressão forte de Garfinkel, mas autores de um conhecimento que deve ser elevado pela reflexão coletiva ao conhecimento crítico. Como sujeitos da pesquisa, identificam os seus problemas, analisam-nos, discriminam as necessidades prioritárias e propõem as ações mais eficazes. As ações de intervenção na realidade não são, necessariamente, consensuais; devem sempre ser "negociadas" para se adequar às possibilidades concretas do contexto, das pessoas e das condições objetivas em que devem ser postas.

Cria-se uma relação dinâmica entre o pesquisador e o pesquisado que não será desfeita em nenhuma etapa da pesquisa, até seus resultados finais. Esta relação viva e participante é indispensável para se apreender os vínculos entre as pessoas e os objetos, e os significados que são construídos pelos sujeitos. O resultado final da pesquisa não será fruto de um trabalho meramente individual, mas uma tarefa coletiva, gestada em muitas microdecisões, que a transformam em uma obra coletiva.

4.4. *Os dados*

Os dados não são coisas isoladas, acontecimentos fixos, captados em um instante de observação. Eles se dão em um contexto fluente de relações: são "fenômenos" que não se restringem às percepções sensíveis e aparentes, mas se manifestam em uma complexidade de oposições, de revelações e de ocultamentos. É preciso ultrapassar sua aparência imediata para descobrir sua essência.

Na pesquisa qualitativa todos os fenômenos são igualmente importantes e preciosos: a constância das manifestações e sua ocasionalidade, a freqüência e a interrupção, a fala e o silêncio. É necessário encontrar o significado manifesto e o que permaneceu oculto. Todos os sujeitos são igualmente dignos de estudo, todos são iguais, mas permanecem únicos, e todos os seus pontos de vista são relevantes: do culto e do iletrado, do delinqüente e do seu juiz, dos que falam e dos que se calam, dos normais e dos anormais. Procura-se compreender a experiência que eles têm, as representações que formam e os conceitos que elaboram. Esses conceitos manifestos, as experiências relatadas ocupam o centro de referência das análises e interpretações, na pesquisa qualitativa.

Algumas pesquisas qualitativas não descartam a coleta de dados quantitativos, principalmente na etapa exploratória de campo ou nas etapas em que estes dados podem mostrar uma relação mais extensa entre fenômenos particulares.

4.5. *As técnicas*

A pesquisa qualitativa privilegia algumas técnicas que coadjuvam a descoberta de fenômenos latentes, tais como a observação participante, história ou relatos de vida, análise de conteúdo, entrevista não-diretiva etc., que reúnem um *corpus* qualitativo de informações que, segundo Habermas, se baseia na racionalidade comunicacional. Observando a vida cotidiana em seu contexto ecológico, ouvindo as narrativas, lembranças e biografias, e analisando documentos, obtém-se um volume qualitativo de dados originais e relevantes, não filtrados por conceitos operacionais, nem por índices quantitativos. A pesquisa qualitativa pressupõe que a utilização dessas técnicas não deve construir um modelo único, exclusivo e estandartizado. A pesquisa é uma criação que mobiliza a acuidade inventiva do pesquisador, sua habilidade artesanal e sua perspicácia para elaborar a metodologia adequada ao campo de pesquisa, aos problemas que ele enfrenta com as pessoas que participam da investigação. O pesquisador deverá, porém, expor e validar os meios e técnicas adotadas, demonstrando a cientificidade dos dados colhidos e dos conhecimentos produzidos.

Bibliografia

BODGAN, C. e TAYLOR, J. J. *Introduction to Qualitative Research Methods: a Phenomenological Approach to the Social Sciences.* Nova York, J. Wiley, 1975.

BODGAN, R. e BIKLEN, S. K. *Qualitative Research of Education.* Boston, Allyn and Bacon, 1982.

BRANDÃO, C. R. (org.). *Pesquisa Participante.* São Paulo, Brasiliense, 1982.

————. *Repensando a Pesquisa Participante.* São Paulo, Brasiliense, 1984.

BURGESS, R. G. (org.). *Strategies of Educational Research — Qualitative Methods.* Londres, Filadélfia, The Falmer Press, 1985.

CENTRE D'ÉTUDES ET DE RECHERCHES SUR LES QUALIFICATIONS. *Formations et Analyse Sociologique du Travail: Essai sur l'Analyse Qualitative des Situations de Travail,* por M. Lesne et C. de Monlibert. Paris, La Documentation Française, Bibliothèque du Cereq, 1972.

DESLAURIERS, J. P. (org.). *Les Méthodes de la Recherche Qualitative.* Québec, Presses de l'Université du Québec, 1987.

ESPELETA, J. e ROCKWELL, E. *Pesquisa Participante.* São Paulo, Cortez, 1986.

FILSTEAD, W. (org.). *Qualitative Methodology: Firsthand Involvement with Social World.* Chicago, Markhan, 1970.

FINCH, J. *Research and Policy: the Use of Qualitative Methods in Social and Educational Research.* Londres, Filadélfia, The Falmer Press, 1986.

GLASER, B. G. e STRAUSS, A. L. *The Discovery of Grounded Theory: Strategies for Qualitative Research.* Nova York, Aldine, 1967.

GOHN, M. et alii. *Pesquisa Participante e Educação.* São Paulo, Cortez, 1988.

HORT, R. et alii. *L'Approche Qualitative Comme Méthodologie de Recherche en Sciences de l'Éducation.* Pointe-au-Père, Éditions de la Mer, 1986.

HUBERMAN, M. e MILES, M. *L'Analyse des Donnés Qualitatives: Quelques Techniques de Réduction et de Représentation.* Neuchâtel, Institut Romand de Recherches et de Documentation Pédagogiques, 1983.

LAZARSFELD, P. F. *Qualitative Analysis: Historical and Critical Essays.* Boston, Allyn and Bacon, 1972.

LOFLAND, J. *Doing Social Life;* The Qualitative Study of Human Interaction in Nature Settings. Nova York, Wiley, 1976.

LUDKE, M. e ANDRÉ, M. E. D. A. *Pesquisa em Educação*; Abordagens Qualitativas. São Paulo, EPU, 1986.

MILES, B. M. e HUBERMAN, N. *Analysis of Qualitative Data.* Nova York, McGraw-Hill, 1975.

POUPART, LABRECQUE. *Méthodologie Qualitative: Bibliographie.* Montréal, Université de Montréal, Cahiers de l'École de Crimin, dezembro, 1979.

SILVA, M. O. de S. *Refletindo a Pesquisa Participativa.* São Paulo, Cortez, 1986.

STAKE, R. "Pesquisa Qualitativa/Naturalista. Problemas Epistemológicos", *Educação e Seleção,* São Paulo, Fundação Carlos Chagas, jan.-jun. 1983.

TAYLOR, J. S. e BOGDAN, R. *Introduction to Qualitative Research Methods — The Search of Meanings.* 2.ª ed., Nova York, Addison-Wesley, Interscience Publication.

THIOLLENT, M. *Crítica Metodológica — Investigação Social e Enquete Operária.* São Paulo, Pólis, 1980.

VAN DER MAREN, J. M., DABBS, J. M. e FAULKNER, R. R. *Varieties of Qualitative Research.* Beverly Hills, Sage Publications, 1983.

VAN DER MAREN, J. M. e PAIN CHAUD, S. *Objets et Méthodologies en Recherche Qualitative.* Actes du Colloque Tenu à la Faculté des Sciences de l'Éducation. Université de Montréal, 1.º novembro 1984. Montréal, Université de Montréal, Faculté des Sciences.

Capítulo 2
Coleta de Dados Qualitativos

1. Introdução

A coleta de dados não é um processo acumulativo e linear cuja freqüência, controlada e mensurada, autoriza o pesquisador, exterior à realidade estudada e dela distanciado, a estabelecer leis e prever fatos.

Os dados são colhidos, *iterativamente,* num processo de idas e voltas, nas diversas etapas da pesquisa e na *interação* com seus sujeitos. Em geral, a finalidade de uma pesquisa qualitativa é intervir em uma situação insatisfatória, mudar condições percebidas como transformáveis, onde pesquisador e pesquisados assumem, voluntariamente, uma posição reativa. No desenvolvimento da pesquisa, os dados colhidos em diversas etapas são constantemente analisados e avaliados. Os aspectos particulares novos descobertos no processo de análise são investigados para orientar uma ação que modifique as condições e as circunstâncias indesejadas.

Os instrumentos de coleta de dados são: a observação participante, a entrevista individual e coletiva, o "teatro da espontaneidade", o jogo dos papéis, a história de vida autobiográfica ou etnobiográfica, as projeções de situações de vida, análise de conteúdo ou qualquer outro que capte as representações subjetivas dos participantes, favoreça a intervenção dos agentes em sua realidade ou organize a ação coletiva para transformar as condições problemáticas.

Os dados qualitativos deverão ser validados segundo alguns critérios: fiabilidade (independência das análises meramente ideológicas do autor), credibilidade (garantia de qualidade relacionada à exatidão e quantidade das observações efetuadas), constância interna (independência dos dados em relação a acidentalidade, ocasionalidade etc.) e transferibilidade (possibilidade de estender as conclusões a outros contextos).

2. Observação participante

A observação direta ou participante é obtida por meio do contato direto do pesquisador com o fenômeno observado, para recolher as ações dos atores em seu contexto natural, a partir de sua perspectiva e seus pontos de vista.

A observação direta pode visar uma *descrição* "fina" dos componentes de uma situação: os sujeitos em seus aspectos pessoais e particulares, o local e suas circunstâncias, o tempo e suas variações, as ações e suas significações, os conflitos e a sintonia de relações interpessoais e sociais, e as atitudes e os comportamentos diante da realidade. A observação pode ser participante: experienciar e compreender a dinâmica dos atos e eventos, e recolher as informações a partir da compreensão e sentido que os atores atribuem aos seus atos. A descrição e a compreensão podem estar compostas em uma *observação compreensiva dos participantes* descrevendo suas ações no contexto natural dos atores. A atitude participante pode estar caracterizada por uma partilha completa, duradoura e intensiva da vida e da atividade dos participantes, identificando-se com eles, como igual entre pares, vivenciando todos os aspectos possíveis da sua vida, das suas ações e dos seus significados. Neste caso, o observador participa em interação constante em todas as situações, espontâneas e formais, acompanhando as ações cotidianas e habituais, as circunstâncias e sentido dessas ações, e interrogando sobre as razões e significados dos seus atos.

Os resumos descritivos das observações feitas descrevem as formas de participação do pesquisador (intensidade, freqüência etc.), as circunstâncias da participação (tensões, mudanças e decisões) e os diversos instrumentos (fotografia, filmagem, anotações de campo) que deverão ser reduzidas ao registro das observações. Este deve conter todas as informações sobre as técnicas, os dados, o desenrolar do cotidiano da pesquisa, as reflexões de campo e as situações vividas (percepções, hesitações, interferências, conflitos, empatias etc.) que ocorreram no curso da pesquisa.

A observação participante, introduzida pela Escola de Chicago anos 20, duramente contestada pelas pesquisas experimentais, foi abandonada, durante algumas décadas. Sua ressurgência em pesquisa tem auxiliado interpretações mais globais das situações analisadas. Exige, porém, cuidados e um registro adequado para garantir a fiabilidade e pertinência dos dados e para eliminar impressões meramente emotivas, deformações subjetivas e interpretações fluidas, sem dados comprobatórios.

Bibliografia

CARDINET, J. e WEISS, J. *Observation Interactive: au Confluent de la Formation et de la Recherche.* Neuchâtel, IRDP, 1978.

BECKER, H. S. *Sociological Work: Methods and Substance.* Chicago, Aldine, 1970.

BRANDÃO, C. R. *Pesquisa Participante.* São Paulo, Brasiliense, 1982.

BRUYN, S. T. H. *The Human Perspective in Sociology: the Methodology of Participant Observation.* Englewood Cliffs, NJ, Prentice Hall, 1966.

DEAN, J. P. e WHYTE, W. F. "How to Know if the Informant is Telling Truth", *Human Organization,* 17(2):34-38, 1958.

FRIEDRICHS, J. e LUDTKE, H. *Participant Observation: Theory and Practice.* Lexington, Mass. Lexington Books, 1975.

GLASER, B. G. e STRAUSS, A. L. *The Discovery of Grounded Theory: Strategies for Qualitative Research.* Chicago, Aldine, 1967.

JUNKER, B. *A Importância do Trabalho de Campo.* São Paulo, Lidador, 1971.

KLUCKHOHN, F. K. "Participant Observation Technique in Small Communities", *American Journal of Sociology,* 46(3):331-43.

KROEBER, A. L. (org.). *Anthropology Today.* Chicago, University of Chicago Press, 1953.

LOFLAND, J. *Analysing Social Settings: a Guide to Qualitative Observation.* Don Mills (Ontário), Addison-Wesley, 1969.

McCALL, G. J. e SIMMONS, J. L. (orgs.). *Issues in Participant Observation.* Don Mills (Ontário), Addison Wesley, 1969.

RILEY, M. W. e NELSON, E. E. (orgs.). *Sociological Observation: a Strategy for New Social Knowledge.* Nova York, Basic Books, 1974.

SCHATZMAN, L. e STRAUSS, A. L. *Field Research: Strategies for Natural Sociology.* Englewood Cliffs, N. J., Prentice Hall, 1973.

SPRADLEY, J. P. *Participant Observation.* Nova York, Holt, 1980.

VIDICH, A. (org.) et alii. *Reflexions on Community Studies.* Nova York, Wiley, 1964.

WEBB, E., CAMPBELL, D. T., SCWARTZ, R. D. e SECHREST, L. *Unobstrusive Measures: Non-Reactive Research in the Social Sciences.* Chicago, Rand McNally, 1966.

3. Entrevista não-diretiva

A entrevista não-diretiva, ou abordagem clínica, é uma forma de colher informações baseadas no discurso livre do entrevistado.

Originária de uma técnica psicoterapêutica, centrada no cliente e desenvolvida por Carl Rogers, pressupõe que o informante é competente para exprimir-se com clareza sobre questões da sua experiência e comunicar representações e análises suas, prestar informações fidedignas, manifestar em seus atos o significado que têm no contexto em que eles se realizam, revelando tanto a singularidade quanto a historicidade dos atos, concepções e idéias.

O acesso às informações mais significativas, porém, requer alguns cuidados especiais. O entrevistador deve manter-se na escuta ativa e com a atenção receptiva a todas as informações prestadas, quaisquer que sejam elas, intervindo com discretas interrogações de conteúdo ou com sugestões que estimulem a expressão mais circunstanciada de questões que interessem à pesquisa. A atitude disponível à comunicação, a confiança manifesta nas formas e escolhas de um diálogo descontraído devem deixar o informante inteiramente livre para exprimir-se, sem receios, falar sem constrangimentos sobre os seus atos e atitudes, interpretando-os no contexto em que ocorreram.

O entrevistador deve permanecer atento às comunicações verbais e atitudinais (gesto, olhar etc.) sem qualificar os atos do informante, exortá-lo, aconselhá-lo ou discordar das suas interpretações, nem ferir questões íntimas, sem um preparo prévio. A técnica exige ainda outras habilidades do entrevistador para auxiliar a expressão livre, estimular adequadamente e orientar o discurso para questões fontais. O pesquisador, nas interações verbais e não-verbais, e na compreensão do contexto das ações do informante, vai recolhendo os dados que o conduzem à progressiva elucidação do problema, à formulação e à confirmação de suas hipóteses.

A entrevista não-diretiva tem vantagens e limites que devem ser ponderados pelo pesquisador antes de definir-se pelo seu uso, tais como a profusão informe de dados que devem ser reduzidos, as interferências emocionais, a tendência do entrevistado em posicionar-se a cavaleiro de todas as situações narradas. A vantagem do contato imediato com questões relevantes pode aprofundar a significação dos fenômenos que se estuda.

A entrevista vai requerer cuidados especiais para assegurar a cientificidade da técnica, a qualidade das informações recolhidas, seu registro e a redução do volume de dados a elementos passíveis de análise.

Esses cuidados incluem, além da posição atitudinal do entrevistador, formas adequadas de registro, redução e análise dos dados.

Bibliografia

BANAKA, W. H. *Training in Depth Interviewing.* Nova York, Harper and Row, 1971.

BENJAMIN, A. *La Pratique de la Relation d'Aide et de la Communication.* Paris, ESF, 1974.

BLANCHET, A. *L'Entretien dans les Sciences Sociales* (L'Écoute, la Parole et le Sens). Paris, Dunod, 1985.

CHILAND, C. (org.). *L'Entretien Clinique.* Paris, PUF, Le Psychologue, 1983.

CURRAN, C. A. *L'Entretien Non-Directif — Principes et Pratique du Counseling.* Paris, Éditions Universitaires, 1967.

GORDON, R. L. *Interviewing: Strategy, Techniques and Tactics.* Homewood, Ill., Dorsey, 1975.

GUILLAUMIN, J. *La Dynamique de l'Examen Psychologique.* Paris, Presses Universitaires de France, 1965.

GUITTET, A. *L'Entretien.* Paris, Colin, 1983.

IVEY, A. E. e AUTHIER, J. *Microcounseling: Innovations in Interviewing.* Springfield, Ill., Charles C. Thomas, 1978.

JACOBSON, V. *Entretiens et Dialogues*; Rôle du Dialogue Dans le Travail Psychologique, Social et Éducatif. Paris, Privat, 1966.

KNAPP, M. L. *Non-Verbal Communication in Human Interaction.* Nova York, Holt, Rinehart and Winston, 1978.

LAYOLE, G. *La Conduite d'Entretiens.* Paris, Éd. d'Organisation, Formation, 1982.

L'INTERVIEW DE GROUPE. *Connaissance du Problème à l'Usage des Psychologues, des Animateurs, et des Responsables* (Connaissance du Problème et Applications Pratiques). Paris, ESF, Librairies Techniques, La Formation Permanente en Sciences Sociales, Séminaire de R. MUCCHIELLI, 1970.

PAGES, M. *L'Orientation Non-Directive en Psychothérapie et en Psychologie Sociale.* Paris, Dunod, 1970.

PERETTI, R. (org.). *L'Interview de Groupe à l'Usage des Psychologues des Animateurs et Responsables* (Connaissance du Problème et Applications Pratiques). Paris, ESF, Librairies Techniques, 1968.

RICHARDSON, S. A. et alii. *Interviewing: its Forms and Functions.* Nova York, Basic Books, 1965.

ROGERS, C. "The Non-Directive Method as a Technique for Social Research", *American Journal of Sociology,* 54(4):279-83, 1945.

SCHODERET, L. *La Technique de l'Entretien*; L'Expression au Service de l'Homme. Paris, Chotard, 1971.

4. História de vida

A história de vida é um instrumento de pesquisa que privilegia a coleta de informações contidas na vida pessoal de um ou vários informantes. Pode ter a forma literária biográfica tradicional como memórias, crônicas ou retratos de homens ilustres que, por si mesmos ou por encomenda própria ou de terceiros, relatam os feitos vividos pela pessoa. As formas novas valorizam a oralidade, as vidas ocultas, o testemunho vivo de épocas ou períodos históricos.

A história de vida ou relato de vida pode ter a forma *autobiográfica,* onde o autor relata suas percepções pessoais, os sentimentos íntimos que marcaram a sua experiência ou os acontecimentos vividos no contexto da sua trajetória de vida. Pode ser um discurso livre de percepções subjetivas ou recorrer a fontes documentais para fundamentar as afirmações e relatos pessoais. Outra forma dos relatos de vida é a *psicobiografia,* onde o autor se situa no interior de uma trama de acontecimentos aos quais atribui uma significação pessoal e diante dos quais assume uma posição particular. A psicobiografia reúne informações tanto sobre fatos quanto sobre o significado de acontecimentos vividos que forjaram os comportamentos, a compreensão da vida e do mundo da pessoa. Outras formas de comunicar o conteúdo vivido na relação com o contexto da vida tem sido criado com a contribuição de várias ciências: psicologia, lingüística, filosofia, sociologia etc.

O uso da história de vida como meio de pesquisa tem uma evolução crescente. Introduzida pela Escola de Chicago, em 1920, e desenvolvida por Znaniescki, na Polônia, foi preterida pelas técnicas quantitativas e proscrita dos meios de pesquisa. A partir dos anos 60, a história de vida procura superar o subjetivismo impressionista e formular o estatuto epistemológico, estabelecer as estratégias de análise do vivido e constituir-se em método de coleta de dados do homem concreto. No contexto da pesquisa, tende a romper com a ideologia da biografia modelar de outras vidas para trabalhar os trajetos pessoais no contexto das relações pessoais e definir-se como relatos práticos das relações sociais.

Bibliografia

APPROCHE BIOGRAPHIQUE. *Revue Française de Sociologie,* jan.-mar., 1990, XXVI, 1.

AUTOBIOGRAPHIE (L'). VI Rencontres Psychanalitique de Aix en Provence (1987). Paris, Société et Ed. Les Belles Lettres, 1988.

BERTAUX, D. *Histoire de Vie... ou Récit de Pratiques?* (Méthodologie de l'Approche Biographique en Sociologie). Paris, Rapport CORDES, 1976.

—————. "Histoire de Vie et Vie Sociale", *Cahiers Internationaux de Sociologie,* vol. LXIX, número especial. Paris, 1980.

—————. *Biography and Society: the Life History Approach in the Social Sciences.* Beverly Hills, Sage Publications, 1981.

BRIOSCHI, L. R. e TRIGO, M. H. B. "Relatos de Vida em Ciências Sociais — Considerações Metodológicas", *Ciência e Cultura*, 39(7):631-37, julho 1987.

CAMARGO, A. ROCHA-LIMA, e V. HIPPOLITO, L. "Metodologia de história de vida na América Latina", *Cadernos Ceru*, 19:148-70, junho 1984.

CATANI, M. e MAZE, S. *Tante Suzane: Une Histoire de la Vie Sociale*. Paris, Meridiens, 1983.

CIPRIANI, R. "Il caso di Valle Aurelia", *Critica Sociologica*, 63-64, Roma, 1982-1983.

FERRAROTTI, F. *Histoire et Histoire de Vie: Méthodologie Biographique dans les Sciences Sociales*. Paris, Méridiens, 1983.

FINGER, M. *Biographie et Hermeneutique* (Les Aspects Epistémologiques et Méthodologiques de la "Méthode Biographique"). FEP, Université de Montreal, 1988.

FRIEDLANDER, S. *Histoire et Psychanalise* (Essai Sur la Possibilité et les Limites de la Psycho-Histoire). Paris, Seuil, 1975.

GAGNON, N. e HAMELIN, J. (orgs.). *L'Histoire Orale*. Saint Hyacinthe, Edisen, 1978.

HISTOIRE DE VIE. "Entre la Recherche et la Formation", *Éducation Permanente*, n.º 72-73, março 1984.

LANGNESS, L. L. *The Life History in Anthropological Science*. Washington, Holt, Rinehart, and Winston, 1970.

LAVILE D'EPINAY, C. "Récit de Vie et Connaissance Scientifique", *Recherches Sociologiques*, XVI (2), 1985.

MACIOTI, M. I. *Biografia, Storia e Società*. (L'Uso Delle Storie de Vita Nelle Scienze Sociale). Napoles, Linguori, (1985).

MORIN, F. Pratiques Anthropologiques et Histoire de Vie, *Cahiers Internationaux de Sociologie*, LXIX:313-39, 1980.

MORIN, L. *La Méthodologie de L'Histoire de Vie, La Spécificité San Analyse*. Québec, Université de Laval, Institut Supérieur des Sciences Humaines, 1975, 2 vols.

POIRIER, J. CLARIER-VALLADON, S. e RAYBAULT, P. *Les Récits de Vie: Théorie et Pratique*. Paris, PUF, Le Sociologie, 1983.

RÉCIT DE VIE. "Théoriques — Expériences", *Revue des Sciences Humaines*, Lille III, 191(3), 1983.

UNIVERSITÉ DE GENÈVE. *Faculté de Psychologie et des Sciences de l'Education. Approches Biographiques et Processus de Formation.* Univ. de Genève, Cahiers de la Sciences de l'Éducation. Série Recherches, n.º 8, 1984.

ZAMITI, K. "Histoire de Vie" *Recherches Sociologiques,* XVI(2): 307-17, 1985.

5. Análise de conteúdo

Análise de conteúdo é um método de tratamento e análise de informações, colhidas por meio de técnicas de coleta de dados, consubstanciadas em um documento. A técnica se aplica à análise de textos escritos ou de qualquer comunicação (oral, visual, gestual) reduzida a um texto ou documento. Segundo Badin, é "um conjunto de técnicas de análise de comunicação" que contém informação sobre o comportamento humano atestado por uma fonte documental.

O objetivo da análise de conteúdo é compreender criticamente o sentido das comunicações, seu conteúdo manifesto ou latente, as significações explícitas ou ocultas.

A decodificação de um documento pode utilizar-se de diferentes procedimentos para alcançar o significado profundo das comunicações nele cifradas. A escolha do procedimento mais adequado depende do material a ser analisado, dos objetivos da pesquisa e da posição ideológica e social do analisador.

Esses procedimentos podem privilegiar um aspecto da análise, seja decompondo um texto em unidades léxicas (análise lexicológica) ou classificando-o segundo categorias (análise categorial), seja desvelando o sentido de uma comunicação no momento do discurso (análise da enunciação) ou revelando os significados dos conceitos em meios sociais diferenciados (análise de conotações), ou seja, utilizando-se de qualquer outra forma inovadora de decodificação de comunicações impressas, visuais, gestuais etc., apreendendo o seu conteúdo explícito ou implícito.

Esta técnica procura reduzir o volume amplo de informações contidas em uma comunicação a algumas características particulares ou categorias conceituais que permitam passar dos elementos descritivos à interpretação ou investigar a compreensão dos atores sociais no contexto cultural em que produzem a informação ou, enfim, verificando a influência desse contexto no estilo, na forma e no conteúdo da comunicação.

Bibliografia

BADIN, L. *Análise de Conteúdo.* Lisboa, Edições 70, 1977.

BREMOND, C. *Logique du Récit.* Paris, Seuil, 1973.

BRONCKART, J.-P. *Le Fonctionnement des Discours.* Paris, Delachaux-Niestlé, 1985.

CIBOIS, P. *L'Analyse des Donnés en Sociologie.* Paris, PUF, Le Sociologue, 1984.

Décrire l'Audiovisual: Manuel Méthodologique pour l'Analyse de Contenu des Documents Audiovisuels à Caractère Documentaire.

DUCROT, O. *Dire et ne Dire Pas.* Paris, Herman, 1972.

GARDIN, J.-C. *Les Analises de Discours.* Bruxelas, Delachaux et Niestlé, 1974.

GHIGLIONE, R., BEAUVOIS, J. L., CHABROL, C. e TROGNON, A. *Manuel d'Analyse de Contenu.* Paris, A. Colin, 1979.

GREIMAS, A. J.; LANDOWSKI, E. et alii. *Introduction à l'Analyse du Discours en Sciences Sociales.* Paris, Hachette, Langue, Linguistique, Communication, 1979.

HAMON, P. *Introduction à l'Analyse du Descriptif.* Paris, Hachette, Langue, Linguistique, Communication, 1981.

HENRY, P. e MOSCOVICI, S. *Problème de l'Analyse de Contenu.* Paris, Larousse, 1968.

HOLSTI, O. R. *Content Analysis for the Social Sciences and Humanities.* Readings, Mass., Addison-Wesley, 1969.

KERBRAT-ORECCHIONI, C. *L'Implicite.* Paris, A. Colin, 1986.

KRIPPENDORFF, K. *Content Analysis.* Beverly Hills, Sage Publication, 1980.

LUNDQUIST, L. *L'Analyse Textuelle: Méthode, Exercices.* Paris, Cedic, Textes et Non-Textes, 1983.

MAINGUENEAU, D. *Initiation aux Méthodes de l'Analyse du Discours.* Paris, Hachette, 1976.

MUCCHIELLI, R. *L'Analyse du Contenu des Documents et des Communications.* Paris, EME, ESF, 1974.

————. *L'Analyse Phénoménologique et Structurale en Sciences Humaines.* Paris, PUF, 1983.

PROPP, W. *Morphologie du Conte.* Paris, Seuil, 1970.

UNRUG, M. C. D'. *Analyse de Contenu et Acte de Parole: de l'Énoncé à l'Énonciation.* Paris, J. P. Delarge, 1974.

6. Pesquisa-ação e pesquisa-intervenção

As pesquisas ativas assumiram, ao longo dos últimos anos, diferentes concepções e práticas que as distanciaram, e até as opuseram, ao modelo de pesquisa-ação de Lewin que lhe deu origem. As contribuições do "teatro da espontaneidade" de Moreno, a orientação psicanalítica britânica, os métodos utilizados pelo Tavistock Institut of Human Relation, da Inglaterra, aliada às correntes sociotécnicas e sociopedagógicas ampliaram os conceitos e práticas da pesquisa-ação.

A pesquisa-ação se propõe a uma ação deliberada visando uma mudança no mundo real, comprometida com um campo restrito, englobado em um projeto mais geral e submetendo-se a uma disciplina para alcançar os efeitos do conhecimento.

A tendência das pesquisas ativas procura ultrapassar a pesquisa-ação para assumir uma intervenção psicossociológica no nível da terapia de grupo ou no nível da mudança organizacional de empresas ou departamentos.

Bibliografia

ACTES DU COLLOQUE RECHERCHE-ACTION. Chicoutimi, Université du Québec, 1981.

A PROPOS DE LA RECHERCHE-ACTION. Revue de l'Institut de Sociologie, Université Libre de Bruxelles, n.º 3, 1981.

AUCLAIR, R. "La Recherche-Action Remise en Question", em *Service Social,* vol. 29, n.ºs 1-2, jan.-jun., 1980, p. 182.

BARBIER, R. *Pesquisa-Ação na Instituição Educativa.* Rio de Janeiro, Zahar, 1983.

CAILLOT, R. *L'Enquête-Participation.* Paris, Les Éditions Ouvrières, 1972.

CALPINI, J. C. et alii. *Recherche-Action: Interrogations et Stratégies Émergentes.* Genebra, Université de Genève, Cahiers de la Section des Sciences de l'Éducation, n.º 26, 1981.

DUBOST, J. L. *L'Intervention Psychosociologique.* Paris, PUF, 1987.

GAUTIER, C. *La Recherche-action: Essai sur le Rapport Entre la Théorie et la Pratique en Éducation.* Rimouski, Greme, L'Une, agosto, 1984.

HARAMEIN, A. e PERRENOUD, P. "Rapsodie" (Une Recherche-Action: du Projet à l'Acteur Collective). *Revue Européenne des Sciences Sociales,* vol. 19, n.º 59, 1981.

HUGON, M. A. e SEIBEL, C. *La Recherche-Action: Actes du Colloque, Octobre 1986.* Paris, INRP, Bruxelas, De Boeck, 1989.

"La Recherche-Action", *Pour,* n.º 90, jun.-jul., 1983.

"La Recherche-Action: Enjeux et Pratiques", *Revue Internationale d'Action Communautaire.* n.ºs 5-45, mavera, 1981.

LEY, K. *Le Statut Scientifique de la Recherche-Action: Premiers Propos Pour un Débat.* Neuchâtel, IRDP, 1977.

MARTIN, C. *Les Recherches-Actions Sociales: Miroir aux Alouettes ou Stratégie de Qualification.* Paris, La Documentation Française, 1986.

MORIN, A. *La Recherche-Action en Éducation: de la Pratique, à la Théorie.* Montréal, Université de Montréal, Faculté des Sciences de l'Éducation, Section de Technologie Éducationnelle, 1986.

PATRY, J. L. *La Recherche-Action Face à la Recherche sur le Terrain.* Fribourg, Rapports Scientifiques sur l'Éducation, 1980.

"Recherche-Action et Expérimentations Sociales", *Connexion Psychosociologique Sciences Humaines,* n.º 43, Paris, Epi, 1984.

Resumé de Lectures et de Réflexions sur la Recherche-Action. Sherbrooke, Université de Sherbrooke, agosto, 1981.

THIOLLENT, M. *Metodologia da Pesquisa-Ação.* São Paulo, Cortez, 1985.

WINTER, R. *Action-Research and the Nature of Social Inquiry: Professional Innovation and Educational Work.* Aldershot, Avelury, 1981.

7. Estudo de caso

O estudo de caso é uma caracterização abrangente para designar uma diversidade de pesquisas que coletam e registram dados de um caso particular ou de vários casos a fim de organizar um relatório ordenado e crítico de uma experiência, ou avaliá-la analiticamente, objetivando tomar decisões a seu respeito ou propor uma ação transformadora.

O caso é tomado como unidade significativa do todo e, por isso, suficiente tanto para fundamentar um julgamento fidedigno quanto propor uma intervenção. É considerado também como um marco de referência de complexas condições socioculturais que envolvem uma situação e tanto retrata uma realidade quanto revela a multiplicidade de aspectos globais, presentes em uma dada situação.

O desenvolvimento do estudo de caso supõe 3 fases:

a) *a seleção e delimitação do caso*

A seleção e delimitação do caso são decisivas para a análise da situação estudada. O caso deve ser uma referência significativa para merecer a investigação e, por comparações aproximativas, apto para fazer generalização a situações similares ou autorizar inferências em relação ao contexto da situação analisada.

A delimitação deve precisar os aspectos e os limites do trabalho a fim de reunir informações sobre um campo específico e fazer análises sobre objetos definidos a partir dos quais se possa compreender uma determinada situação. Quando se toma um conjunto de casos, a coleção deles deve cobrir uma escala de variáveis que explicite diferentes aspectos do problema.

b) *o trabalho de campo*

O trabalho de campo visa reunir e organizar um conjunto comprobatório de informações. A coleta de informações em campo pode exigir negociações prévias para se aceder a dados que dependem da anuência de hierarquias rígidas ou da cooperação das pessoas informantes. As informações são documentadas, abrangendo qualquer tipo de informação disponível, escrita, oral, gravada, filmada que se preste para fundamentar o *relatório* do caso que será, por sua vez, objeto de análise crítica pelos informantes ou por qualquer interessado.

c) *a organização e redação do relatório*

A posse de um volume substantivo de documentos, rascunhos, notas de observação, transcrições, estatísticas etc., coligidos em campo, devem ser reduzidos ou indexados segundo critérios predefinidos a fim de que se constituam em dados que comprovem as descrições e as análises do caso.

O relatório poderá ter um estilo narrativo, descritivo, analítico, ser ilustrado ou não, filmado, fotografado ou representado. Seu objetivo é apresentar os múltiplos aspectos que envolvem um problema, mostrar sua relevância, situá-lo no contexto em que acontece e indicar as possibilidades de ação para modificá-lo.

Bibliografia

BALL, S. J. *Beachside Compreensive: a Case-Study of Secondary Schooling.* Cambridge, Cambridge University Press, 1981.

GLASER, B. G. e STRAUSS, A. L. *The Discovery of Grounded Theory: Strategies for Qualitative Research.* Chicago, Aldine Press, 1967.

GOODE, W. J. e HATT, P. K. *Métodos em Pesquisa Social.* Trad. Carolina Bori, 7.ª ed. São Paulo, Nacional, 1979.

MÉTHODE DES CAS (LA). Formation Permanente en Sciences Sociales (Séminaire R. MUCCHIELLI), 5.ª ed. Paris, ESF, 1979.

NISBET, J. e WATT, J. *Case Study — Readguide, 26: Guides in Educational Research.* Nottinghan, University of Nottinghan School of Education, 1978.

REYNOLDS, J. *Méthode des Cas et Formation en Management — Guide Pratique.* Genebra, BIT, Formation à la Gestion, 1985.

STAKE, R. "Estudo de Caso e Avaliação Educacional", *Educação e* Seleção, 7, jun.-jul., 1983.

——————— e EASLEY, J. *Case Studies in Science Education.* CIRCE, Urbana, Ill., University of Illinois, 1978.

STENHOUSE, L. *Papers on Case-Study Research in Education.* Care, Norwich University of East Anglia, 1982.

WILLIS, P. E. *Learning to Labor: How Working Class Kids Get Working Class Jobs,* Farnborough, Saxon House, 1977.

8. Etapas da pesquisa qualitativa

A pesquisa qualitativa objetiva, em geral, provocar o esclarecimento de uma situação para uma tomada de consciência pelos próprios pesquisados dos seus problemas e das condições que os geram, a fim de elaborar os meios e estratégias de resolvê-los.

As premissas subjacentes deste tipo de pesquisa podem ser resumidas nas seguintes proposições:

1. o conhecimento conduz a uma ação, e a pesquisa pode ser uma oportunidade de *formar* os pesquisados a fim de que transformem os problemas que enfrentam;
2. os pesquisados têm uma capacidade potencial de identificar suas necessidades, formular seus problemas e organizar sua ação;
3. a eficácia desse processo de decisão depende da participação ativa dos envolvidos na descoberta de suas necessidades e na organização adequada dos meios para modificar as situações consideradas insatisfatórias.

O processo da pesquisa qualitativa não obedece a um padrão paradigmático. Há diferentes possibilidades de programar a execução da pesquisa. Vale muito o trabalho criativo do pesquisador e dos pesquisados. O resultado converge para um conjunto de microdecisões sistematizadas para validar um conhecimento coletivamente criado, a fim de se eleger as estratégias de ação mais adequada à solução dos problemas.

Pode-se estabelecer algumas etapas de trabalho para se chegar à descoberta das questões prioritárias e à ação mais eficaz para transformar a realidade. Algumas pesquisas *descritivas* se limitam a revelar os problemas, as *avaliativas* descrevem os problemas e trabalham os encaminhamentos necessários e as *interventivas* objetivam organizar uma mudança deliberada nas situações indesejadas.

1.ª FASE: *a determinação da pesquisa*

Antes de se iniciar qualquer pesquisa é necessária uma preparação onde se preveja as negociações prévias, o pessoal, os objetivos que se tem em vista, a área de abrangência e o conjunto de estratégias para se identificar os problemas ou necessidades prioritárias e se fazer um inventário-síntese das questões mais fluentes e das necessidades prioritárias. Supõe, pois:

- elaborar previamente os objetivos: recolher as principais informações técnicas e documentais para caracterizá-la e confrontá-la com o ponto de vista de agências demandantes, e de todos os envolvidos na pesquisa;
- eleger o campo e os meios de pesquisa: seleção das informações econômicas, sociais, culturais e políticas, das fontes documentais e dos instrumentos de pesquisa;
- fazer uma pesquisa de campo exploratória para avaliar os dados já recolhidos;
- síntese das informações: inventário preliminar dos problemas.

2.ª FASE: *a definição da pesquisa*

- elaboração das hipóteses explicativas dos problemas identificados;
- definição do campo e do pessoal necessário;
- coleta dos dados;
- análise e síntese dos dados coligidos;
- formulação sintética dos principais problemas identificados;
- discussão e análise dos problemas com os envolvidos.

3.ª FASE: *estratégia de ação*

- traçar com os envolvidos uma estratégia de ação que responda aos problemas encontrados;
- elaborar os dispositivos e técnicas de discussão das estratégias escolhidas;
- execução das estratégias escolhidas;
- avaliação dos resultados;
- relatório crítico e análise final dos resultados conseguidos.

Parte III:
DOCUMENTAÇÃO

1. Introdução

Documentação é toda informação sistemática, comunicada de forma oral, escrita, visual ou gestual, fixada em um suporte material, como fonte durável de comunicação.

Documentação é a ciência que trata da organização do manuseio de informações. Consiste na coleta, classificação, seleção, difusão e na utilização de toda espécie de informação, compreendendo não só as suas técnicas de estocagem, conservação e de classificação, mas também suas técnicas de uso e os métodos que facilitam a sua busca e a sua identificação.

O documento é, pois, qualquer informação sob a forma de textos, imagens, sons, sinais etc., contida em um suporte material (papel, madeira, tecido, pedra), fixados por técnicas especiais como impressão, gravação, pintura, incrustação etc. Quaisquer informações orais (diálogo, exposições, aula, reportagens faladas) tornam-se documentos quando transcritas em suporte material.

Os documentos são estocados em centros de documentação, bibliotecas, museus, bancos de dados, arquivos etc., que se especializam na sua conservação e classificação.

Os documentos escritos reúnem informações escritas primárias ou originais; ou informações secundárias (bibliografias de obras e referências) trabalhadas por centros de documentação, a partir de notícias bibliográficas ou de documentos primários, ou, ainda, informações terciárias obtidas a partir de bibliografias secundárias (bibliografia de bibliografias, catálogo de catálogos etc.).

2. As bibliotecas

As bibliotecas são importantes centros de documentação escrita em razão do volume da produção impressa estocada, classificada e posta à disposição dos usuários.

A caracterização das bibliotecas é feita pelo tipo de produtos que reúne, pela sua natureza jurídica ou pela área de conhecimentos que abrange. Podem ser caracterizadas como bibliotecas enciclopédicas ou especializadas; públicas ou privadas, universitárias ou de empresas, de associações etc.

A administração dos produtos documentais, reunidos em bibliotecas, divide-se em várias seções — a organização, descrição bibliográfica, representação documentária e estocagem — para garantir um dos objetivos primordiais da biblioteca: a utilização do acervo de informações que reúne.

Os documentos adquiridos pela biblioteca são descritos segundo uma linguagem documentária que:

- *classifica* em ordem alfabética, pelo nome e prenome do autor e por títulos e/ou assuntos;
- *codifica* por matéria, segundo o plano de classificação adotado pela biblioteca; a classificação mais usual é a Classificação Decimal Universal — CDU;
- *indexa* por meio de conceitos-chaves descritivos do conteúdo (descritores); há uma tendência de se construir uma lista internacional de descritores para indexação da bibliografia

sobre Educação, Ciências, Ciências Sociais, e Cultura, ou um índice multilíngüe de descritores (Unesco, Thesaurus de l'Unesco);

- *resume,* condensando sistematicamente o conteúdo, fornecendo informações genéricas (notícia bibliográfica), ou uma síntese sumária do conteúdo (sinalética) ou, ainda, resumindo as informações e conclusões mais significativas (resumo analítico);
- *numera,* segundo a numeração internacional ISBN (International Standard Book Number).

A descrição é transcrita em fichas bibliográficas dispostas em ordem alfabética, em fichários cartonados de consulta pelo nome do autor, por assunto, e um terceiro com a classificação codificada da biblioteca.

As fichas cartonadas podem estar transcritas em sistemas informatizados de consulta. Neste caso, a biblioteca dispõe de terminais de computador com a explicação impressa na tela do vídeo ou em cartaz para permitir a consulta automática dos documentos disponíveis.

Algumas bibliotecas dispõem de microfichas ou microfilmes.

Os *documentos primários*, contendo informações originais, estão em:

— publicações em série: revistas, jornais, anuários, boletins;

— livros: publicações encapadas com editor, lugar e data;

— relatórios emitidos ou difundidos por um órgão responsável;

— teses e trabalhos universitários para obtenção de títulos e graus;

— patentes de título de propriedade;

— atas de congresso e comunicações apresentadas em congresso etc.

Os *documentos secundários* estão em bibliografia e obras de referência, tais como: repertórios bibliográficos, catálogos, enciclopédias e obras de terminologia, anuários e repertórios.

Além desses, há outros tipos de documentos escritos não-convencionais, contidos na literatura cinza (*grey literature*), que compreende documentos datilografados, impressos, mimeografados, ou cópias reprográficas, editados em quantidade inferior a mil exemplares, fora dos circuitos comerciais de edição e difusão, tais como: relatórios de pesquisa produzidos por organismos públicos ou privados, *preprints,* teses universitárias, patentes, manuscritos, notas de curso, cadernos de pesquisa de campo.

O usuário da biblioteca encontra à sua disposição:

- *Fichários* cartonados descritivos dos documentos primários, por autor, assunto e uma classificação codificada das obras que podem ser consultadas manualmente, ou, em algumas bibliotecas, por meio de sistemas automatizados de consulta.
- *Terminais*: os fichários podem estar transcritos em sistemas informatizados que permitem a consulta através da digitação do nome do autor, título ou dos descritores da obra. Os terminais podem estar conectados a bancos de dados ou redes e dar acesso pessoal ou por meio da bibliotecária aos acervos que estão integrados ao sistema informatizado.
- *Acervos de referência* permitem a identificação e recuperação de publicações ou informações sobre determinada área do conhecimento, em forma de sumários, resumos (*abstracts*), catálogos, bibliografias etc.
- *Serviços* abrangem: a *consulta,* utilização da obra no recinto da biblioteca; o *empréstimo* domiciliar de livros, mediante algumas condições estipuladas pela direção da biblioteca e o empréstimo de publicações entre bibliotecas, quando o acervo não dispõe da publicação solicitada pelo consulente.

O intercâmbio entre bibliotecas é também feito pelo Programa de Comutação Bibliográfica — Comut. As bibliotecas participam do programa, como Biblioteca-Base, quando fornecem cópias de artigos dos periódicos a outras bibliotecas, ou como Biblioteca-Solicitante, quando localizam e obtêm de outras bibliotecas os artigos de periódicos que não possuem em seu acervo. A solicitação deve ser encaminhada à bibliotecária, indicando o nome do autor, título do artigo ou periódico, volume, número, ano de publicação e a paginação, acompanhado do cupom, devidamente pago, de solicitação do serviço.

Algumas bibliotecas mantêm serviço de atendimento e acervos específicos, tais como:

SENADO FEDERAL — Biblioteca do Senado Federal

O acervo compreende monografias, publicações periódicas, mapas, material audiovisual e uma coleção de recortes de jornais sobre os principais assuntos de interesse social e político, especialmente Direito, Economia e Ciência Política.

A Seção de Referência dispõe de seis terminais de vídeos, três impressoras para o empréstimo automatizado e para a recuperação de informações contidas nos diversos bancos de dados do Prodasen — Processamento de Dados do Senado.

A Seção de Materiais Especiais dispõe de aparelho leitor-copiador para utilização de microformas.

As pesquisas podem ser solicitadas pessoalmente, por correspondência, via terminal e/ou pelos seguintes telefones de acordo com o tipo de material desejado:

Para pedidos de pesquisas bibliográficas
Fone: 211-3943

Empréstimo de livros
Fone: 211-3944

Pesquisa em recortes de jornais e microformas
Fone: 211-3957

Endereço
Senado Federal — Biblioteca
Praça dos Três Poderes, s/n.º
Brasília — DF — 70160

SIBI/USP — Sistema de Bibliotecas da USP

Atende no local ou através de consultas telefônicas. Localiza livros e periódicos nas bibliotecas brasileiras que contribuem com o sistema de bibliotecas.

Endereço:
Prédio da Antiga Reitoria
Cidade Universitária
São Paulo — SP
Fone: 813-3222 — ramais 2179, 2721 e 2714.

A localização das principais bibliotecas existentes pode ser encontrada na seguinte bibliografia:

SECRETARIA DO PLANEJAMENTO DA PRESIDÊNCIA DA REPÚBLICA — Fundação Instituto Brasileiro de Geografia e Estatística. *Guia das Bibliotecas Brasileiras.* IBGE, INL, 1979, 1017 págs.

INSTITUTO NACIONAL DO LIVRO. *Guia das Bibliotecas Públicas Brasileiras;* convenientes com o INL. Brasília, INL, 1983, 341 págs.

GUIA DAS BIBLIOTECAS UNIVERSITÁRIAS BRASILEIRAS. Brasília, MEC — Departamento de Assuntos Universitários, 1979, vol. I: Regiões Norte, Nordeste, Centro-Oeste e Sul; vol. II: Região Sudeste.

SECRETARIA DA CULTURA, CIÊNCIA E TECNOLOGIA DO ESTADO DE SÃO PAULO. Departamento de Artes e Ciências Humanas, Divisão de Bibliotecas. *Guia das Bibliotecas do Estado de São Paulo.* São Paulo, Secretaria de Cultura, Ciência e Tecnologia de São Paulo, 1978, 399 págs.

GOVERNO DO ESTADO DE SÃO PAULO. Secretaria de Estado da Cultura. Departamento de Atividades Regionais da Cultura. Divisão de Bibliotecas. *Guia das Bibliotecas Públicas Municipais do Estado de São Paulo.* São Paulo, 1988, 123 págs.

ASSOCIAÇÃO DOS BIBLIOTECÁRIOS MUNICIPAIS DE SÃO PAULO — ABM. *Bibliotecas Municipais da Cidade de São Paulo.* São Paulo, Imprinta Planejamento Gráfico, 1988, 140 págs.

3. Arquivos

São um conjunto de documentos, quaisquer sejam sua data, forma ou suporte material, produzidos e recebidos por pessoa física, moral e por quaisquer serviços ou organismos públicos ou privados, no exercício de sua atividade.

Os documentos arquivados podem ter a forma impressa, manuscrita, datilografada, gravada, filmada, pintada, fixada em qualquer suporte material, seja ele papel, pergaminho, filme, disco, foto etc.

Os arquivos tendem a se constituir em separado das bibliotecas, seja pelos problemas específicos de estocagem, classificação e uso deste tipo de documentação, seja pela especialização e pelo público que atende.

Os arquivos, como as bibliotecas, podem ser públicos (nacionais, estaduais ou municipais) ou particulares (de igrejas, associações, empresas, famílias etc.).

Os arquivos *públicos* abrigam os documentos recebidos ou produzidos por organismos públicos. Alguns destes arquivos não se restringem à estocagem dos documentos emanados pelo poder público ou a ele endereçados. Há uma tendência crescente em incorporar acervos privados de documentos que reúnam informações originais relevantes, sobre movimentos, fatos ou pessoas.

No Brasil, não existem catálogos organizados dos arquivos brasileiros, mas já há esforços em se criar sistemas estaduais de arquivos para preservar um valioso patrimônio documental exposto ao desaparecimento. Estes esforços, porém, não têm sido suficientes para sensibilizar a sociedade e o poder público na conservação e classificação da documentação existente.

Dentre os arquivos públicos, os mais importantes são: o Arquivo Nacional, os arquivos estaduais e municipais.

MINISTÉRIO DA JUSTIÇA — Arquivo Nacional

Abriga diversas seções: pré-arquivo, documentação escrita, documentação audiovisual, pesquisas e atividades técnicas, publicações e administração. Rio de Janeiro. Praça da República, 173.

Os Estados e alguns ministérios e municípios possuem seus respectivos arquivos que estocam a documentação relativa à sua jurisdição. A conservação, classificação e o uso público desses documentos dependem do estágio de organização do arquivo de cada estado, ministério ou município. O interesse crescente por tal documentação e a importância das informações reunidas têm suscitado vários esforços para transformar os estoques documentais existentes em centros de consulta e pesquisa.

O pesquisador, no estágio atual dos arquivos brasileiros, deverá levantar os arquivos locais que estão ao seu alcance, recorrendo às secretarias de Estado ou de Município e prevendo que poderá encontrar precárias condições de conservação dessa documentação.

Algumas universidades vêm organizando seus arquivos e centros de documentação e memória, tendencialmente especializando-se em um núcleo temático, tais como:

Arquivo Edgard Leuenroth.
Unicamp. Instituto de Filosofia e Ciências Humanas.

Arquivo e História Contemporânea.
UFSCAR, São Carlos.

Cedic. Centro de Documentação e Informação Científica.
PUC-SP. São Paulo.

Cepdoc. Centro de Pesquisa e Documentação de História Contemporânea.
Fundação Getúlio Vargas, Rio de Janeiro.

As igrejas, as associações de classe, e as empresas podem ter acervos importantes. As cúrias metropolitanas, as paróquias, ordens e associações religiosas, além de registros documentais relevantes, possuem o *Livro do Tombo,* onde estão registrados fatos e informações preciosos sobre atividades, costumes e usos. Os sindicatos, as associações de classe, as empresas e os clubes, em geral, possuem seus arquivos, pelos quais se pode traçar episódios interessantes, conflitos sociais e políticos, acordos e alianças etc.

Há também arquivos especializados em um tipo especial de suporte que gravam informações sonoras, visuais etc. Dentre eles, os museus, pinacotecas, cinematecas e mediatecas abrigam expressivo volume de informações documentais, destacando-se:

- Museu da Imagem e do Som — MIS.
- Cinemateca de São Paulo.

O arquivamento de informações veiculadas pela imprensa escrita e figurada tem merecido uma atenção especial. A imprensa retrata os mais variados aspectos de uma época, registrando informações sobre a sociedade e a vida das pessoas. A conservação dessa documentação em arquivos especializados, disponíveis ao público, tem recebido um tratamento particular. As bibliotecas tendem a organizar suas hemerotecas, e as empresas jornalísticas vêm cuidando do arquivamento sistemático de suas publicações para uso da própria empresa ou do público. Os jornais *Folha de S. Paulo* e *O Globo* dispõem de arquivos abertos aos consulentes e pesquisadores.

FOLHA DE S. PAULO. Arquivo e Banco de Dados: Al. Barão de Limeira, 425, São Paulo, SP.

O GLOBO. Centro de Documentação da Rede Globo. Filmoteca Globo: Al. Santos, 1893, São Paulo, SP.

4. Centros de documentação bibliográfica

A informatização das informações documentais gerou novos sistemas de veiculação, tais como: bancos, base ou arquivo de dados e redes de trocas de informações documentais que extraem, classificam e estocam os dados brutos de coleções, contidos na documentação primária e secundária.

Banco de Dados (Data Bank)

Reúnem conjuntos de dados relativos a um domínio do conhecimento e incorporam as informações em fichas estruturadas, segundo códigos informatizados de classificação. Esses dados são arquivados em memória de computador para oferecer aos usuários um acesso imediato às informações, quando da sua manipulação automática.

Base de Dados (Data Basis)

São conjuntos de dados organizados em fichários automatizados com a finalidade de serem utilizados por programas, de modo a facilitar a interdependência dos dados e programas informatizados.

Redes ae Informações

São organismos que trocam informações de modo regular e organizado, seja pelo acesso ocasional aos serviços recíprocos, seja pela integração completa dos participantes em um sistema único, fazendo todo tipo de permuta, telecópias, fax etc. Há redes internacionais, nacionais, especializadas em disciplinas e áreas de conhecimento que permutam (ou comutam) informações, de modo sistemático.

Os centros de documentação bibliográfica prestam diversos tipos de serviços na área de conhecimento. Alguns centros de documentação descrevem as informações contidas em documentos originais ou primários, elaboram classificações documentais secundárias e geram obras que reúnem sistematicamente as informações e os conhecimentos já disponíveis em documentos primários, tais como repertórios bibliográficos, catálogos etc.

A expansão dos meios de informações vem acelerando a produção de documentação terciária, como bibliografia de bibliografias nacionais e internacionais, correntes ou retrospectivas, além de repertórios de bancos de dados e de redes de informação.

Os centros de documentação bibliográfica tendem a especializar-se na produção de bibliografias condensadas em forma de:

- *notícias bibliográficas* com título completado com alguns conceitos básicos, contendo de 10 a 50 palavras;
- *resumo sinalético* com sumário do conteúdo, contendo de 50 a 200 palavras;
- *resumos analíticos,* indicando o conteúdo, as conclusões e as informações mais relevantes, contendo de 100 a 500 palavras;
- *resumo crítico,* contendo uma síntese comentada do texto.

Essas bibliografias, em geral, são também editadas em volumes que reúnem publicações recentes ou referentes a um período determinado de tempo.

Os centros de documentação tendem, também, a especializar-se em um tipo específico de comunicação: documentos escritos, sonoros, visuais, audiovisuais.

Os principais centros de serviços de documentação bibliográfica podem ser identificados através de catálogos especializados. A Unesco tem organismos para a classificação e difusão das informações documentárias no âmbito internacional e vários países mantêm organismos nacionais especializados na veiculação de informações.

Há, também, organismos especializados que procuram recobrir todo o campo das ciências humanas e sociais, ou somente uma disciplina destas ciências (cf. bibliografia básica indicada sobre estas disciplinas).

Os centros de documentação bibliográfica visam pôr à disposição da comunidade científica um acervo de referências e informações sistematizadas sobre assuntos gerais e específicos.

A organização sistemática de informações informatizadas em centros de documentação bibliográfica, banco de dados etc. tem-se desenvolvido progressivamente. Entidades nacionais e internacionais, universidades e bibliotecas ampliam, cada vez mais, sistemas informatizados de referências e bibliografias.

Alguns ministérios dispõem de bibliotecas, acervos e Centros de Referência Bibliográfica específicos para as suas áreas de competência, como o Ministério do Interior, Ministério dos Transportes e Ministério da Educação.

Cedoc-Minter — Centro de Documentação do Ministério do Interior mantém um acervo sobre desenvolvimento regional. Coloca seu acervo à disposição dos usuários, para empréstimo, e acessa documentos em entidades externas. Mantém:

- *Série bibliográfica:* bibliografia de assuntos de interesse do Minter, contendo documentos do Cedoc e de publicações existentes em outras instituições;
- *Boletim do Cedoc:* publicações adquiridas pelo Cedoc e pela Biblioteca Técnica de Processamento de Dados.

O Minter mantém ainda a biblioteca depositária do acervo de publicações oficiais do Ministério. Informações: Minter, Esplanada dos Ministérios, bloco A, térreo, Brasília, DF, CEP 70054.

Cibec — Centro de Informações Bibliográficas do MEC. Órgão integrante do Sistema de Informação Bibliográfica em Educação (Side). Este órgão põe à disposição dos interessados um Serviço de Levantamento Bibliográfico na área da educação.

IBICT. Instituto Brasileiro de Informação em Ciência e Tecnologia.

SCT/PR. Secretaria Especial da Ciência e Tecnologia. Presidência da República.

Há centros de documentação que se dedicam à estocagem, recuperação, restauração e manutenção de documentos originais, visando estocá-los, classificá-los e pô-los à disposição do público. Os centros de documentação tendem, porém, na fase atual, a integrar diferentes atividades documentárias mantendo uma dominância característica no tipo de suas atividades.

5. Os produtos documentários

Os produtos documentários dos centros de documentação são as bibliografias e obras de referência, destinadas à identificação e à consulta de documentos primários.

Esses produtos são:

Bibliografias e Repertórios Bibliográficos

Listagem exaustiva ou seletiva de documentos gerais ou especializados, de âmbito nacional ou internacional, sobre conhecimentos gerais ou áreas especializadas.

A história evolutiva de bibliografias mundiais especializadas registra os produtos obtidos em diferentes épocas e países e as metodologias e práticas vigentes na sua produção.

As bibliografias podem reunir publicações recentes sobre um tema (bibliografia corrente) ou publicações sobre um período determinado de tempo (bibliografia retrospectiva).

Catálogos

Ou listas de documentos conservados em uma unidade de informação e apresentados em ordem, pelo nome do autor, pelo título, pelo lugar ou pelo material.

Obras de Terminologia

Em forma de *dicionários* que coligem, classificam alfabeticamente e explicam sumariamente uma coletânea de palavras, biografias, profissões ou de serviços. Podem, também, apresentar-se em forma de *glossários,* de termos técnicos ou *léxicos* de uma área de conhecimento.

Enciclopédias

Apresentam, em forma de artigo, uma síntese dos conhecimentos em geral ou de um campo do conhecimento.

Repertórios

Dão indicações sobre pessoas, organismos ou documentos existentes em um período determinado sobre um domínio especializado.

Anuários

Sínteses cronológicas ou estatísticas, correntes ou retrospectivas sobre temas, fatos, entidades ou publicações do ano.

Importância da Documentação e Pesquisa Documental

A reunião e a seleção criteriosa da documentação bibliográfica sobre o problema de uma pesquisa permitem conhecer o seu estado atual, as investigações já realizadas, seus resultados, as explicações dadas, as questões controversas e os dados a serem pesquisados.

A documentação é uma etapa necessária para se identificar as questões relevantes do problema e defini-lo com rigor, já que ele será objeto de pesquisa, assim como os fundamentos teóricos, nos quais o pesquisador se baseará, quando de sua análise.

6. Bibliografia

BARES, M. *La Recherche Documentaire dans le Contexte Télematique.* Technique et Documentation. Paris, Lavoisier, 1982.

BRADFORD, S. C. *Documentação.* Rio de Janeiro, Fundo de Cultura, 1961.

BURRINGTON, Gilian A. *How to Find out About the Social Sciences.* Oxford, Pergamon Press, 1975.

CARON, Gilles. *Introduction aux Ouvrages Généraux de Référence en Sciences Sociales.* Québec, Université Laval, Bibliothèque Générale, 1974.

CHAULER, A. *Bibliothèque et Archives: Comment se Documenter?* Guide Pratique à l'Usage des Étudiants, des Professeurs, des Documentalistes et Archivistes, des Chercheurs, 2.ª ed. INRP, Economica, 1980.

CHAUMIER, J. *L'Analyse Documentaire.* Paris, Entreprise Moderne d'Éditions, 1977.

CHAUVEINC, M. *Le Réseau Bibliographique Informatisé et l'Access au Document.* Paris, Ed. d'Organization, 1982.

DE LA VEGA, F. L. *Manual de Documentación.* Madri, Labor, 1969.

DESVALS, A. *Comment Organizer sa Documentation Scientifique.* Paris, Gauthier-Villars, 1975.

FREIDES, T. *Literature and Bibliography of the Social Sciences.* Los Angeles, Melville Publications, 1973.

FRYDMAN, M. *S'Informer Pour se Former.* 2.ª ed. Paris, Nathan-Labor, 1978.

HUMBLET, J. E. *Comme se Documenter? S'Informer, Critiquer, Rédiger. Manuel de l'Étudiant et du Chercheur.* Paris, Nathan; Bruxelas, Labor, Éducation 2000, 1978.

JONYNAS, A. *Bibliographie des Sciences Sociales.* Montréal, Libraire de l'Université de Montréal, 1977-1978.

LI, Tze-Chung. *Social Sciences Reference Sources: a Practical Guide.* Wesport, Greenwood Press, 1980.

LITTON, G. A. *A Pesquisa Bibliográfica em Nível Universitário.* Trad. Terezinha Arantes Ferraz. São Paulo, McGraw-Hill, 1975.

MALCLES, L.-N.*Manuel de Bibliographie.* 4.ª ed. rev. e aum. por A. Lhéntier, Paris, PUF, 1985.

————————. *Les Sources du Travail Bibliographique.* Genebra, Droz, Lille, Giard, 1950-1958, 4 vols.: I) Bibliographies Générales, 1950; II) Bibliographies Spécialisés: Les Sciences Humaines,

1952, 2 vols.; III) Bibliographies Spécialisés: Sciences Exates et Techniques, 1958.

REBOUL, J. *Du Usage des Bibliographies.* Paris, Bruxelas, Montréal, Gauthier-Villars, 1973.

REMI, Daniel. *Guide de la Documentation en Science Politique.* Montréal, Université de Montréal, Service des Bibliothèques, 1979.

SALVADOR, A. D. *Métodos e Técnicas de Pesquisa Bibliográfica,* Elaboração e Relatórios de Estudos Científicos. 2.ª ed. rev. e aum. Porto Alegre, Sulina, 1971.

SLYPE, G. van. *Conception et Gestion des Systèmes de Documentation.* Paris, Les Éd. d'Organizations, 1977.

SUCH, M. F. e PEROL, D. *Initiation à la Bibliographie Scientifique.* Paris, Promodis, E. Cercle du Librairie, 1987.

WHITE, C. M. *Sources of Informations in the Social Sciences: a Guide to the Literature.* Chicago, American Library Association, 1973.

Parte IV:
BIBLIOGRAFIA

1. Ciências humanas e sociais

A pesquisa se apóia em fundamentos teóricos que sustentam a formulação de um problema e na adoção de técnicas e de instrumentos de pesquisa. As diferentes áreas de conhecimentos mantêm candentes debates sobre os fundamentos dos conhecimentos científicos e seus limites, e sobre as técnicas e os instrumentos de validação do saber.

Para informar-se da situação geral desses debates, foi selecionada uma bibliografia básica sobre ciências humanas e sociais, e sobre algumas disciplinas específicas. Muitas questões podem ser encontradas em obras de referência ou são objeto de estudos específicos.

Para auxiliar o pesquisador na explicitação da sua metodologia e dos principais problemas que têm sido objeto de análise, foram reunidas as bibliografias sobre metodologia e as obras de referência mais significativas para a pesquisa em ciências humanas e sociais. Longe de ser exaustiva, a bibliografia quer indicar que o pesquisador pode encontrar uma farta documentação para desenvolver a própria pesquisa e resolver os problemas teóricos e práticos que a investigação exigir.

A bibliografia reúne a atividade impressa em uma ampla tipologia de obras criadas no curso da sua evolução histórica, nos diferentes campos do saber. Estão aqui reunidas:

1. Obras de orientação metodológica

1.1. *Guias e introduções*

FREIDES, T. *Literature and Bibliography of the Social Sciences.* Londres, Wiley, 1973.

LEWIS, P. R. *The Literature of Social Sciences.* An Introductory Survey and Guide. Londres, Library Association, 1967.

LI, Tze-Chung. *Social Sciences — Reference Sources* (*A Practical Guide*). Londres, Wesport, Greenwood Press, 1980.

ROBERTS, N. (org.). *Use of Social Sciences Literature.* Londres, Butterworth, 1977.

ROSELITZ, B. F. (org.). *Readers Guide to Social Sciences.* Nova York, Free Press, 1972.

WHITE, C. M. *Sources of Information in the Social Sciences* (*A Guide to the Literature*). Chicago, American Library Association, 1973.

1.2. *Obras metodológicas*

ACKOFF, R. L. *Planejamento da Pesquisa Social.* Trad. Leônidas Hegenberg e O. S. da Mota. São Paulo, Herder, 1967.

ARNAUD, J. *Métodos de Investigación en las Ciencias Humanas.* Barcelona, Ed. Omega, 1967.

BABBIE, E. R. *The Practice of Social Research.* Belmont, Cal. Wadsworth, 1975.

BLALOCK, H. M. Jr. *Introdução à Pesquisa Social.* Trad. Elisa Caillaux, Rio de Janeiro, Zahar, 1973.

BOUDON, R. *Tendences Principales de la Recherche dans les Sciences Sociales et Humaines.* Haia, Mouton, Unesco, 1970.

BOULANGER-BELLEYGUIER, G. *La Recherche en Sciences Sociales.* Paris. Éditions Universitaires, 1970.

BRIMO, A. *Les Méthodes des Sciences Sociales.* Paris, Montchrétien, 1972.

BROWN, R. *La Explicación en las Ciencias Sociales.* Buenos Aires, Ed. Periferia, 1977.

BUGEDA, J. *Manual de Técnicas de Investigación Social.* 2.ª ed. Madri, Instituto de Estudios Políticos, 1974.

BUNKER, B. B., PEARLSON, H. B. e SCHULZ, J. W. *A Student Guide to Conducting Social Science Research.* Nova York, Human Sciences Press, 1975.

BURRIGTON, G. A. *How to Find out About the Social Sciences.* Oxford, Pergamon Press, 1975.

DE BRUYNE, J. J., HERMAN, J. e DE SCHOUTHEETE, M. *Dinâmica da Pesquisa Social: Pólos da Pesquisa Metodológica.* Trad. Ruth Joffily, Rio de Janeiro, Francisco Alves, 1977.

DEMO, P. *Metodologia Científica em Ciências Sociais.* São Paulo, Atlas, 1981.

FACCINA, C. R. e PELUSO, L. A. *Metodologia Científica: o Problema da Análise Social.* São Paulo, Pioneira, 1984.

FELDMAN, E. J. *A Practical Guide to Conduct of Field Research in Social Sciences.* Boulder, Co., Westview Press, 1981.

FESTINGER, L. e KATZ, D. *Research Methods in the Behavioral Sciences.* Nova York, Holt Rinehart, 1966.

FREUND, J. *Les Théories des Sciences Humaines.* Paris, PUF, 1963.

GALTUNG, J. *Teoría y Método de la Investigación Social.* Buenos Aires, Eudeba, 1963.

GAUTHIER, J. (dir.). *Recherche Sociale: de la Problematique à la Collecte des Données.* Québec, Press Universitaires de Québec, 1984.

GOODE, W. J. e HATT, P. K. *Métodos em Pesquisa Social.* 7.ª ed. Trad. Carolina M. Bori, São Paulo, Ed. Nacional, 1972.

GRAVEL, R. J. *Guide Méthodologique de la Recherche.* Sillery, Press de L'Université du Québec, 1980.

GRAWITZ, M. *Méthodes des Sciences Sociales.* 7.ª ed. Paris, Dalloz, 1986.

HYMAN, H. *Pesquisa, Casos e Processo.* Trad. Bittencourt Sampaio. Rio de Janeiro, Lidador, 1967.

JONES, E. T. *Conducting Political Research.* Nova York, Harper and Row, 1971.

JUNKER, B. H. *A Importância do Trabalho de Campo* (Introdução às Ciências Sociais). Trad. José Gurjão Neto. São Paulo, Lidador, 1971.

KAUFMANN, F. *Metodologia das Ciências Sociais.* Trad. Augusto G. de Albuquerque. Rio de Janeiro, Francisco Alves, 1977.

KERLINGER, F. N. *Metodologia da Pesquisa em Ciências Sociais* (Um Tratamento Conceitual). São Paulo, EPU/Edusp, 1980.

LABOVITZ, S. e HAGEDORN, R. *Introduction to Social Research.* 2.ª ed., Nova York, McGraw-Hill, 1976.

LAZARFELD, P. F. e ROSEMBERG, M. *The Language of Social Research.* Glencoe, Ill., Glencoe Press, 1962.

LEBRET, L. J. *Manual de Enquesta Social.* Madri, Rialp, 1962, 2 vols.

LECLERC, G. *L'Observation de l'Homme* (*Une Histoire des Enquêtes Sociales*). Paris, Seuil, 1979.

LOUBET DEL BAYLE, J. L. *Introduction aux Méthodes des Sciences Sociales.* Toulouse, Privat, 1978.

MILLER, D. C. *Handbook of Research and Social Measurement.* 3.ª ed. Nova York, Longman, 1977.

MORAES, I. N. *Metodologia da Pesquisa Científica.* São Paulo, Edusp, 1970.

NACHMIAS, D. e NACHMIAS, C. *Research Methods in the Social Sciences.* Nova York, St. Martin's Press, 1976.

NOGUEIRA, O. *Pesquisa Social.* São Paulo, Nacional, 1968.

OUELLET, A. *Processus de Recherche* (Une Approche Systémique). Québec, Presses de l'Université du Québec, 1981.

PARDINAS, F. *Metodología y Técnicas de Investigación en Ciencias Sociales*. México, Siglo XXI, 1969.

PHILLIPS, B. S. *Pesquisa Social — Estratégia e Tática.* Rio de Janeiro, Agir, 1974.

PIAGET, J. A. *A Situação das Ciências do Homem no Sistema de Ciências* (Tendences Principales de la Recherche dans les Sciences Sociales et Humaines); parte 1: Sciences Sociales — Situation des Sciences de l'Homme dans le Système des Sciences. Trad. Izabel C. Reis. Lisboa, Liv. Bertrand, s.d.

POURTOIS, J. P. e DESMET, M. *Epistémologie et Instrumentation de Recherche en Sciences Humaines.* Bruxelas, Mardaga, s.d.

QUIVY, R. e CAMPENHOUT, L. van. *Manuel de Recherche en Sciences Sociales.* Paris, Dunod, 1988.

ROUQUETTE, M. L. e GUNELLE, C. *Méthodologie Expérimentale des Sciences Humaines.* Paris, Nathan, 1973.

RUNCIE, J. F. *Experiencing Social Research.* Homewood, Ill., The Dorsey Press, 1980.

SAYER, A. *Methods in Social Sciences.* Londres, Hutchison, 1984.

SCHRADER, A. *Introdução à Pesquisa Social Empírica* (Um Guia Para Planejamento, Execução e Avaliação de Projetos Não-Experimentais). Trad. Manfredo Berger. Porto Alegre, Globo, UFRS, 1974.

SELLTIZ, C., IAHODA, M. DEUTSCH, M. COOKS, S. W. *Métodos da Pesquisa nas Relações Sociais.* São Paulo, EPU, 1987.

SHIPMAN, M. D. *The Limitations of Social Research.* Londres, Longman, 1972.

SJOBERG, C. e NETT, R. *A Methodology for Social Research.* Nova York, Londres, Harper and Row, 1968.

THIOLLENT, M. *Crítica Metodológica, Investigação Social e Enquete Operária.* São Paulo, Pólis, 1980.

TREMBLAY, M. A. *Initiation à la Recherche dans les Sciences Humaines.* Montréal, McGraw-Hill, 1968.

TRIPOLDI, Toni et alii. *Análise da Pesquisa Social* (Diretrizes Para Pesquisa em Serviço Social e Ciências Sociais). 2.ª ed. Trad. Geni Hirata. Rio de Janeiro, Francisco Alves, 1981.

TRIVIÑOS, A. N. S. *Introdução à Pesquisa em Ciências Sociais* (Pesquisa Qualitativa em Educação). São Paulo, Atlas, 1987.

WECHSLER, H., REINHERTZ, H. e DOBBIN, D. D. *Social Work Research in The Human Services*. Nova York, Human Sciences Press, 1976.

WITT, A. *Metodologia da Pesquisa*. São Paulo, Resenha Tributária, s.d.

2. Obras de referência

2.1. *Bibliografias e repertórios bibliográficos*

International Bibliography of Social Sciences. Londres, Nova York, Tavistock, 1962.

Social Sciences Citation Index. EUA, Filadélfia, 1973.

Bulletin Signalétique. Sciences Humaines. CNRS — Centre de Documentation en Sciences Humaines. Paris.

O Centro de Documentação do CNRS edita resumos sinaléticos de publicações em ciências humanas, em forma de boletins sinaléticos sobre as seguintes disciplinas:

519 — Filosofia
520 — Ciências da educação
521 — Sociologia e etnologia
522 — História das ciências e das tecnologias
523 — História e ciências da literatura
524 — Ciências da linguagem
525 — Pré-história e proto-história
526 — Antiguidade e arqueologia
527 — História e ciências das religiões

2.2. *Catálogos*

SCT/PR, CNPq, IBICT. Secretaria Especial da Ciência e Tecnologia. Conselho Nacional de Ciência e Tecnologia. Instituto Brasileiro de Informação em Ciência e Tecnologia. *Índice de Teses*. Trimestral.

UNESCO, *Inventaire Raisonné des Services Périodiques de Documentation des Sciences Sociales*. Comité International pour la Documentation des Sciences Sociales. Paris, Unesco, 1951.

2.3. *Obras de terminologia*

BIROU, A. *Vocabulaire Pratique des Sciences Sociales.* Paris, Ed. Ouvrières, 1966.

Dicionário de Ciências Sociais. Fundação Getúlio Vargas. Instituto de Documentação. Rio de Janeiro, Fundação Getúlio Vargas, 1987.

Diccionario de Ciencias Sociales. Sob o patrocínio da Unesco. Madri. Instituto de Estudos Políticos, 1975, 2 vols.

Dictionnaire Général des Sciences Humaines. Paris, Éditions Universitaires, 1975.

FLECHNER, R. A. *A Dictionary of Social Science.* Nova York, Free Press, 1964.

FOULQUIÉ, P. *Vocabulaire des Sciences Sociales.* Paris, PUF, 1978.

GOUDL, J. & KOLB, W. L. (org.). *Dictionary of Social Sciences.* Londres, Tavistock, 1964.

GRAWITZ, M. *Lexique des Sciences Sociales.* Paris, Dalloz, 1981.

MORFAUX, L. M. *Vocabulaire de la Philosophie et des Sciences Humaines.* Paris, A. Colin, 1980.

MUCHELLI, A. e MUCHELLI, R. *Lexique des Sciences Sociales.* Paris, EME, ESF, 1969.

THINES, G. e LEMPEREUR, A. *Dictionnaire Général des Sciences Humaines.* Louvain-la-Neuve, Ciaco, 1984.

2.4. *Enciclopédias e obras de síntese*

GUSDORF, G. *Les Sciences Humaines et la Science Occidentale.* Paris, Payot, 1971, 6 vols.

INTERNATIONAL ENCYCLOPEDIA OF UNITED SCIENCE. Chicago, University of Chicago Press, 1967.

JOHNSON, A., WILLIS, W. A. e SILLS, D. L. (orgs.). *International Encyclopedia of Social Sciences.* Nova York, MacMillan, 1968, 17 vols.

2.5. *Repertórios*

CNRS — Centre de Recherche en Sciences Sociales. *Repértoire des Centres et Autres Unités de Recherche.* Paris, CNRS, 1980-1981, 4 vols.

CNRS — Centre de Recherche en Sciences Sociales. *Guide des Repértoires Sur la Recherche en Sciences Sociales et Humaines.* Paris, CNRS, 1986.

CONSEIL DE L'EUROPE. Directory of Educational Research Sources. Repértoire des Sources et d'Information en Matière de Recherche Éducationelle. Fondation Éducationelle aux Pays-Bas. Conseil de l'Europe. Haia, SVO, 1979.

ÉCOLE DES HAUTES ÉTUDES EN SCIENCES SOCIALES. *Repértoire des Centres et Autres Unités de Recherche.* Paris, EHESS, 1984.

UNESCO. *World Directory of Social Sciences Institutions.* 4.ª ed. Paris, Unesco, 1985.

UNESCO. *World List of Social Science Periodicals* (Liste Mondiale des Périodiques Spécialisées dans les Sciences Sociales), 7.ª ed., preparada pelo Comité International pour la Documentation des Sciences Sociales, Paris, Unesco, 1983.

3. Centros de documentação

ARQUIVO EDGARD LEUENROTH (AEL) — Centro de Pesquisa e Documentação Social, Instituto de Filosofia e Ciências Humanas, Unicamp, 13095, Campinas, SP (0192) 39-3327.

CENTRO DE DOCUMENTAÇÃO DO PENSAMENTO BRASILEIRO. Sociedade civil dedicada à preservação de livros e documentos de autores nacionais de filosofia, sociologia, política e antropologia.
Rua Alfredo Brito, 39, Pelourinho, 40000, Salvador, Bahia.

FRANCIS. França. As informações bibliográficas contidas no *Bolletins Signalétiques* estão armazenadas nos bancos de dados bibliográficos Francis. O acervo documentário está informatizado e podem ser adquiridas informações bibliográficas sobre temas ou áreas mediante pagamento das informações extraídas em fichas informatizadas.

Informações: Centre de Documentation-Sciences Humaines (CDSH). 54, Boulevard Raspail, 75006 Paris.
Fone: 45.82.64.64.

CEDIC. Centro de Documentação e Informação Científico. São Paulo, PUC-SP.

Téléthèses. Banco de dados sobre teses de doutorado defendidas na França. A consulta pode ser efetuada no sistema Minitel, digitando-se 36-15, escolhendo o serviço Sunk e discriminando Téléthèse.

Organismos nacionais de apoio à pesquisa

CNPq — Conselho Nacional de Desenvolvimento Científico e Tecnológico.

O CNPq apóia e financia pesquisas em diversas áreas do conhecimento e mantém um conjunto de programas de financiamento à pesquisa. Informações podem ser encontradas no manual: *Guia Para Obtenção de Recursos nas Principais Fontes de Financiamento à Ciência e Tecnologia,* MCT-CNPq, 4.ª ed., Brasília, 1988; ou diretamente com: CNPq, Conselho Nacional de Desenvolvimento Científico e Tecnológico — Avenida W-3, Quadra 507, Bloco B, CEP 70740, Brasília, DF.

Alguns Estados mantêm organismos de apoio e fomento à pesquisa científica e tecnológica:

Bahia: Comcitec — Comissão Interinstitucional de Ciência e Tecnologia, Secretaria de Planejamento, Ciência e Tecnologia.
Av. Luís Viana Filho, s.n., CEP 40000, Salvador, BA.

Minas Gerais: Fapemig — Fundação de Amparo à Pesquisa do Estado de Minas Gerais: Rua Raul Pompéia, 101, 8.º andar, 30150, Belo Horizonte, MG.

Rio Grande do Sul: Fapergs — Fundação de Amparo à Pesquisa do Estado do Rio Grande do Sul. Secretaria de Estado da Coordenação e Planejamento.
Galeria do Rosário, 14.º andar, salas 1451/1424, Caixa Postal 1646, 90000, Porto Alegre, RS. Fone: (0512) 26-9466.

Rio de Janeiro: Faperj — Fundação de Amparo à Pesquisa do Estado do Rio de Janeiro.
Secretaria de Estado da Ciência e Cultura.
Av. Erasmo Braga, 118, 6.º andar, CEP 20020, Rio de Janeiro, RJ, Fones: (021) 221-5219 - 221-7846.

São Paulo: Fapesp: Fundação de Amparo à Pesquisa do Estado de São Paulo.
Secretaria de Ciência e Tecnologia.
Rua Pio XI, 1500, Alto da Lapa
05060, São Paulo, SP.
Fone: (011) 831-3111
Funtec: Fundo Estadual de Desenvolvimento Científico e Tecnológico.
Badesp: Banco de Desenvolvimento do Estado de São Paulo.
Secretaria de Ciência e Tecnologia.
Av. Paulista, 1771, 01310, São Paulo, SP.
Fones: (011) 289-2233 - 251-3026.

2. Ciências da educação

1. Obras de orientação metodológica

1.1. *Guias e introduções*

JUIF, P. e DOVERO, F. *Guide de l'Étudiant en Sciences Pédagogiques.* Paris, PUF, 1972.

____________. *Manuel Bibliographique des Sciences de l'Éducation.* Paris, PUF, 1968.

UNESCO. *Guide International de la Ducumentation Pédagogique,* 1955-1960. Paris, Unesco, 1964.

1.2. *Obras metodológicas*

ANGERS, P. e BOUCHARD, C. *L'Activité Éducative: Une Théorie, Une Pratique.* Montréal, Bellarmin, 1988.

BAQUERO, M. G. *Métodos da Pesquisa Pedagógica — Estatística Psico-Educacional.* São Paulo, Loyola, 1973.

BEST, J. W. *Cómo Investigar en Educación.* Madri, Morata, 1967.

BORG, W. R. e GALL, M. D. *Educational Research — An Introduction.* Nova York.

CARDINET, J. *Pour Mieux Fonder la Mesure en Pédagogie.* Neuchâtel, IRDP, 1975.

DEOBOLD, B. van D. *Understanding Educational Research — An Introduction.* Nova York, McGraw-Hill, 1979.

DE CORTE, E., GEERLIG, C. T. et alii. *Les Fondements de l'Action Didatique: de la Didatique à la Didaxologie.* Bruxelas, A. de Boeck, 1979.

DE LANDSHEERE, G. *Introduction à la Recherche Pédagogique.* Paris, Cohn-Bourrelier, 1970.

——————. *Introduction à la Recherche en Éducation.* 5.ª ed. Liège, G. Thone, 1982.

——————. *La Recherche Expérimentale en Éducation.* Paris, Unesco. Neuchâtel, Delachaux et Niestlé, 1982.

ENGLEHART, Max D. *Methods of Educational Research.* Chicago, Rand McNally, 1972.

FAZENDA, I. (org.). *Metodologia da Pesquisa Educacional.* São Paulo, Cortez, 1989.

GUYOT, Y., PUJADE-RENAUD, C. e ZIMMERMAN, D. *La Recherche en Éducation.* Paris, ESF, Sciences de l'Éducation, 1974.

JUIF, P. e DOVERO, F. *Guide de l'Étudiant en Sciences Pédagogiques.* Paris, PUF, 1972.

KEEVES, J. (org.). *Educational Research, Methodology and Measurement.* An introduction Handbook. Nova York, Pergamon Press, 1988.

LECOMTE, R. e RUTMAN, L. *Introduction aux Méthodes de Recherche Évaluative.* Québec, Les Press de l'Université Laval, s.d.

LEON, A. et alii. *Manuel de Psychopédagogie Expérimentale.* Paris, PUF, 1977.

LOVEL, K. e LAWSON, K. S. *Understanding Research in Education.* Londres, London University Press, 1970.

LUDKE, M. e ANDRÉ, M. *Pesquisa em Educação: Abordagens Qualitativas.* São Paulo, EPU, 1986.

MIALARET, G. *La Pédagogie Expérimentale.* Paris, PUF, 1984, col. Que Sais-Je?.

MIGUEL, G. Baquero. *Métodos de Pesquisa Pedagógica.* São Paulo, Loyola, 1970.

MONTEALEGRE, A. *Formation de la Méthode Experimentale et Son Utilisation en Pédagogie.* Paris, Louvain, Nauwelaerts, 1959.

OUELLET, A. *Processus de Recherche — Une Approche Systématique.* Québec, Presses de Université du Québec, 1981.

PLANCHARD, E. *La Recherche en Pédagogie*, 2.ª ed. Louvain, Nauwelaerts, 1967.

RODRIGUES, A. *A Pesquisa Experimental em Psicologia e Educação.* Petrópolis, Vozes, 1975.

RUMMEL, J. F. *Introdução aos Procedimentos de Pesquisa em Educação.* Trad. Jurema Alciedes Cunha. Porto Alegre, Globo, 1972.

VAN DALEN, L. B. *Understanding Educational Research: an Introduction*, 3.ª ed. Nova York, McGraw-Hill, 1973.

2. Obras de referência:

2.1. *Bibliografias e repertórios bibliográficos*

MEC, INEP. *Bibliografia da Educação Brasileira.* Instituto Nacional de Estudos e Pesquisas Educacionais. Brasília, 1954 e segs.

Education Index. Nova York, Wilson, 1929-1942.

Documentation et Information Pédagogique. Genebra, Bureau International d'Éducation, 1943-1969.

Perspectives Documentaires en Sciences de L'Éducation. INRP-CDR. Institut National de Recherche Pédagogique. Centre de Documentation et Recherche, Paris.

VAN QUANG. *Sciences et Technologie de l'Éducation — Bibliographie Analytique.* Paris, Casterman, 1974.

British Education Index. Leeds, British Institut of Education, 1954 e ss.

2.2. *Catálogos*

Inventaire des Thèses de Doctorat Soutenues Devant les Universités Française: 1982-1988. Nanterre, Université de Paris X; 200, Av. de la République, 92001, Nanterre.

Thèses de Sciences de l'Éducation. Org. por J. Contou. Paris, Université René Descartes — Paris V. UER des Sciences de l'Éducation. 28, R. de la Serpente, 75005, Paris.

2.3. *Obras de terminologia*

COUDRAY, L. *Lexique des Sciences de l'Éducation.* Paris, PUF, 1973.

DE LANDSHEERE, G. *Dictionnaire de l'Évaluation et de la Recherche en Éducation.* Paris, PUF, 1979.

FOULQUIÉ, P. *Dictionnaire de la Langue Pédagogique.* Paris, PUF, 1978.

LAENG, M. *Vocabulaire de Pédagogie Moderne.* Paris, Le Centurion, 1974.

LAVASSEUR-OUIMET, F. e TARDIF, C. *Lexique des Termes Techniques de l'Éducation et de la Pédagogie.* Edmonton, University of Alberta, Faculté St. Jean, 1983.

LEXICON DER PÄDAGOGIK. Org. por H. KLEINERT. Berna, Francke, 1950-1952, 3 vols.

————. Org. pelo Deutschen Institut für Wissenchaftliche, Münster und dem Institut für vergleichende Eziechungsnvisseuchaft, Salsbourg. Friburgo, Herder, 1925-1955, 4 vols.

MIALARET, G. *Vocabulaire de l'Éducation,* Paris, PUF, 1979.

PAGE, G. T. e THOMAS, J. B. *International Dictionary of Education.* Londres, Page; Nova York, Nichols, 1977.

2.4. *Enciclopédias e obras de síntese*

Educational Research, Methodology and Measurement — An International Handbook, org. por J. Keeves. Nova York, Oxford, Pergamon Press, 1988.

Enciclopedía Italiana Della Pedagogía e Della Scuola. Roma, Curcio, 1969, 6 vols.

Encyclopedia and Dictionary of Education. Londres, Ed. por Foster Watson. Londres/Nova York, Isaac Pitman & Sons., 1922, 4 vols.

Encyclopedia of Education, EUA. Ed. por Lee Deigthton. USA, MacMillan and Free Press, 1971, 10 vols.

Encyclopedia of Education. Org. por Edward Blishen. Londres, Blond Educational, 1969.

Encyclopedia of Educational Evaluation. Anderson S. B. et alii. San Francisco/Washington, Jossey Bass Publ., 1975.

Encyclopedia of Educational Research, 4.ª ed. Nova York, Free Press; Londres, Collier-MacMillan, 1982, 4 vols.

Handbuch Pädagogicher Grundbegriffe. Org. por J. SPECK e G. WEHLE. Munique, Kösel, 1970-1974, 2 vols.

International Encyclopedia of Education (The). Nova York/Oxford, Pergamon Press, 1985, 10 vols.

International Encyclopedia of Education Technology (The). Research and Studies. Ed. por T. Husen e T. N. Postlehwaite. Nova York/ Oxford, Pergamon Press, 10 vols.

GAGE, N. L. (org.). *Handbook of Research in Teaching*. American Educational Research Association. Chicago, Rand McNally, 1963.

TRAVER, R. M. N. (org.). *Second Handbook of Research in Teaching*. American Educational Research Association, Chicago, Rand McNally, 1973.

2.5. *Repertórios*

Anped — Associação Nacional de Pós-Graduação e Pesquisas em Educação. Inep — Instituto Nacional de Estudos e Pesquisas Educacionais. *Teses em Educação (1981-1988)*. Rio de Janeiro/Brasília, 6 vols.

CONSEIL DE L'EUROPE. *Sources of Educational Information: European Survey 1948 — Sources d'Information en Matière d'Éducation*. Strasbourg, Conseil de l'Europe, 1985.

ÉCOLE DES HAUTES ÉTUDES EN SCIENCES SOCIALES. *Répértoire des Centres et Autres Unités de Recherche*. Paris, EHESS, 1984.

Guide des Guides. Documentation Française, Service d'Information et de Diffusion, 6.ª ed. Paris, 1987.

Liste Mondiale des Périodiques Specialisés Sciences de L'Éducation. Paris, Haia, Mouton, 1974.

UNESCO. *Directory of Educational Research Institutions*, 2.ª ed. Paris, Unesco, 1986.

————. *Sources d'Informations Bibliographiques Courantes Sur l'Éducation*, 2.ª ed. Paris, Unesco, 1984.

3. Centros de documentação

Bulletin Signalétique Sciences Humaines — 520 — Sciences de l'Éducation. Trimestral. Sínteses sinaléticas das publicações sobre educação. Informações informatizadas no sistema Francis.

CNRS. Centre de Documentation Sciences Humaines. 50, Boulevard Raspail, BP. 140, 75260 — Paris, 6.

CIJE — *Current Index to Journals in Education.* Mensal a partir de 1969. USA: ORY Press, 2214 North Central Encanto — Phoenix AZ 85004 1483 USA.
Analisa artigos de revistas publicados nos Estados Unidos e periódicos publicados em países de língua inglesa.

EDUQ — *Bibliographie Analytique Sur l'Éducation au Québec.* Semestral a partir de 1981. Canadá: Centrale des Bibliothèques. 1985, Rue Floury Est. Montréal-Québec, H2C — ITI.
Analisa publicações em francês ou inglês produzidas em Québec ou produzidas no exterior que se refiram a Québec.

ERIC: Resources in Education. Educational Resources Information Center. Mensal a partir de 1966.
Analisa publicações referentes à educação publicadas principalmente nos Estados Unidos. USA: Educational Resources Information Center Office of Educational Research and Improvement. US Department of Education. Washington, DC-20208 USA.

EUDISED R & D Bulletin. Trimestral a partir de 1976.
Cada número contém 250 indicações sobre trabalhos recentemente concluídos ou em curso a respeito da pesquisa e do desenvolvimento da educação nos estados-membros do Conselho da Europa.
K. G. Saur Verlag KG — APOB 171009 — 8000 München 71 RFA.

SIBE — *Sistema de Informações Bibliográficas em Educação e Desporto.*
Dispõe do Cibec — *Centro de Informações Bibliográficas em Educação, Cultura e Desporto,* que oferece levantamentos bibliográficos na área da educação.
MEC — Ministério da Educação. Anexo I, Subsolo. 70047, Brasília.

3. História

As descobertas históricas, os progressos da historiografia e os trabalhos de síntese iniciados na Alemanha no século XIX deram origem a muitas obras de referência sobre a história mundial, a história de países e bibliografias retrospectivas sobre a história universal ou de períodos (greco-romana, medieval, moderna e contemporânea), bibliografias correntes sobre períodos históricos e enciclopédias gerais sobre civilizações e povos, além de cronologias, biografias, coletâneas etc.

1. Obras de orientação metodológica

1.1. *Guias e introduções*

FASOLI, G. *Guida Allo Studio Della Historia Mediavale, Moderna, Conteporanea.* 2.ª ed. Bolonha, Patron, 1967.

Guide to Historical Literature. Ed. por G. F. HOWE. Nova York, MacMillan, 1961.

GÉRIN, P. *Initiation à la Documentation Écrite de la Période Contemporaine (fin XVIII.*ᵉ Siècle à Nos Jours). Liège, F. Gonthier, 1970.

HEPWORTH, P. *How to Find in History — A Guide to Source Information for All.* Oxford, Pergamon Press, 1966.

LACOMBE, A. J. *Introdução ao Estudo da História do Brasil.* São Paulo, Nacional/Edusp, 1973, col. Brasiliana, 350.

LANGOIS, C. V. *Manuel de Bibliographie Historique.* Paris, Hachette, 1901-1904, 2 vols.

L'Histoire et ses Méthodes, C. SAMARAN, Paris, Gallimard, 1961, Encyclopédie de la Pléiade, 11.

PACAUT, M. *Guide de l'Étudiant en Histoire Mediévale.* 2.ª ed. Paris, PUF, 1973.

PAETOW, L. J. *A Guide to the Study of Medieval History.* 2.ª ed., organizada por D. C. MUNRO e G. C. BOYCE. Nova York, Medieval Academy of America 1938; reimpressão: Nendeln, Kraus, 1980.

1.2. *Obras metodológicas*

ARAÚJO VIEIRA, M. do P. et alii. *A Pesquisa em História.* São Paulo, Ática, 1989.

BARRACLOUGH, G. *A História.* Trad. Maria Luísa Maia, Lisboa, Liv. Bertrand, 1980, 2 vols.

BASSELAAR, J. van D. *Introdução aos Estudos Históricos*, 5.ª ed. São Paulo, EPU, 1979.

BLOCH, M. *Introdução à História*. Trad. de Maria M. Miguel e R. Grácio. Lisboa, Publicações Europa-América, 1965.

BOLEEME, G. *Le Peuple par Écrit*. Paris, Seuil, 1986.

BORGES, Vavy P. O. *Que é História*. São Paulo, Brasiliense, 1980, col. Primeiros Passos.

BRAUDEL, F. *Escritos Sobre História*. Trad. J. Guinsburg e Teresa C. Motta. São Paulo, Perspectiva, 1978, col. Debates.

CAHNHAN, W. J. e BOSKOFF, A. *Sociology and History, Theory and Research*. Nova York, Free Press, 1964.

CHAUNU, P. *De l'Histoire à la Prospective*. Paris, R. Laffont, 1975.

____________. *Vers une Nouvelle Méthodologie Mécanographique*, Paris, Annales, 1966.

CARDOSO, C. F. S. *Uma Introdução à História*. São Paulo, Brasiliense, 1981, col. Primeiros Vôos.

____________ e BRIGNOLE, H. P. *Os Métodos da História* (Introdução aos Problemas, Métodos e Técnicas da História Demográfica, Econômica e Social), 2.ª ed. Trad. João Maia. Rio de Janeiro, Graal, 1979.

CARR, E. H. *O que é História?*. Trad. Lúcia M. de Alvarenga. Rio de Janeiro, Paz e Terra, 1976.

CERTAU, M. de A. *A Escrita da História*. Rio de Janeiro, Forense, Universitária, 1982.

COLLINGWOOD, R. G. *A Idéia da História*. Trad. Alberto Freire. Lisboa, Presença; São Paulo, Martins Fontes, 1981.

DUBY, J. e LE GOFF, J. *História e Nova História*. Rio de Janeiro/Lisboa, Teorema, 1986.

FEBVRE, L. *Combates pela História*. Trad. Leonor M. Simões, Lisboa, Presença, 1977.

FONTANA, J. *Historia: Análisis del Pasado y Proyecto Social*. Barcelona, Grijalbo, 1982.

GAGNON, N. e HARMELIN, J. *L'Homme Historien*. Paris, Edisen, Maloine, 1979.

GERSCHENKRON, A. *Continuty in History and Others Essays.* USA, Harvard Univ. Press, 1968.

GLENISSON, J. et alii. *Iniciação aos Estudos Históricos,* trad. Pedro M. Campos, São Paulo, Difel, 1970.

HELLER, A. *O Quotidiano e a História.* Trad. Carlos N. Coutinho e Leandro Konder. Rio de Janeiro, Paz e Terra, 1972.

LAPA, J. R. *A História em Questão: Historiografia Brasileira contemporânea.* Petrópolis, Vozes, 1976.

——————. *História e Historiografia: Brasil Pós-64.* Rio de Janeiro, Paz e Terra, 1985.

LE GOFF, J. e NORA, P. (org.). *História* (Novos Problemas, Novas Abordagens, Novos Objetos). Trad. Theo Santiago. Rio de Janeiro, Francisco Alves, 1986-1987, 3 vols.

LE ROY LADURIE, E. *Le Territoire de l'Historien.* Paris, Gallimard, 1973.

LEWIS, J. M. *History and Social Anthopology.* Nova York, Barnes and Noble; Londres, Tavistock, 1968.

LIPSET, S. M. e HOFSTATER, R. *Sociology and History: Methods.* Nova York, Basic Books, 1968.

MARROU, H. I. *Do Conhecimento Histórico.* 2.ª ed. Trad. Ruy Belo. Lisboa, Asper; São Paulo, EPU, 1974.

NOUCHI, A. *Iniciação às Ciências Históricas.* Coimbra, Liv. Almedina, 1977.

PREMIÈRES RECHERCHES. *Méthode et Documentation. Débuter dans la Recherche Historique.* Paris, Publications de la Sorbonne, Sources: Travaux Historiques, 1986.

RIEDEL, D. C. (org.). *Narrativa: Ficção e História.* Rio de Janeiro, Imago, UFRJ, 1988.

RODRIGUES, J. H. *Teoria da História do Brasil* (Introdução Metodológica), 3.ª ed. rev. e ampliada. São Paulo, Nacional, 1969, col. Brasiliana.

——————. *A Pesquisa Histórica no Brasil.* São Paulo, Nacional, 1972.

SILVA, M. A. (org.). *Repensando a História.* Rio de Janeiro, Marco Zero; São Paulo, ANPUH, 1984.

VEYNE, P. M. *Como se Escreve a História.* Foucault Revoluciona a História. Trad. Alda Baltar e Maria A. Kneipp. Brasília, Ed. UnB, 1982.

2. Obras de referência

2.1. *Bibliografias e repertórios bibliográficos*

As obras de síntese da história universal ou de períodos trazem ampla bibliografia sobre cada período histórico. Alguns países possuem bibliografias específicas sobre a história nacional:

Cambridge Ancient History, 3.ª ed. Cambridge, Cambridge University Press, 1970, 17 vols.

Cambridge Mediaeval History, 2.ª ed. Cambridge, Cambridge University Press, 1966, 8 vols.

Cambridge Modern History, Cambridge, Cambridge University Press, 1902-1926, 13 vols.

New Cambridge Modern History, 2.ª ed. Cambridge, Cambridge University Press, 1957-1970, 13 vols.

Bibliography of Historical Works Issued in the Kingdom (1940-1975). Londres, Institute of Historical Research, 1947-1977, 6 vols.

Bibliography Internationale des Travaux Publiés das les Volumes de "Mélanges". Paris, Colin, 1955-1965, 2 vols.

Recherche Historique en France de 1940 à 1965 — Recherche Historique en France depuis 1965. Paris, CNRS, 1965-1980, Comité Français des Sciences Historiques.

2.3. *Obras de terminologia*

MOURE, M. *Dictionnaire d'Histoire Universelle.* Paris, Éd. Universitaire, 1968, 2 vols.

————————. *Dictionnaire des Personnages Historiques de Tous les Temps.* Paris, Bordas, 1972.

2.4. *Enciclopédias*

BRAUDEL, F. *Civilisation Matérielle, Économie et Capitalisme, XVᵉ-XVIIᵉ* Siècle. Paris, Colin, 1979, 3 vols.

Histoire Économique et Sociale du Monde, dir. por P. Léon. Paris, Colin, 1977-1978, 6 vols.

Histoire Universelle. Paris, Bordas, 1971, 33 vols.

Histoire de Developpement Culturel et Scientifique de L'Humanité. Sob os auspícios da Unesco, Paris, Laffont, 1967-1969, 6 vols.

LANGER, W. L. *An Encyclopedic of World History Ancient, Medieval and Modern.* 5.ª ed. Boston, H.·Mifflin, 1978, 2 vols.

L'Histoire Sans Frontières, dir. por D. Richet, Paris, Fayard, 1966, 23 vols.

Questions d'Histoire, dir. por M. Ferro. Paris, Flamarion, 1967, 33 vols.

Stòria Universàle, dir. por E. Pontieri, Milano, Vallardi, 1983, 22 vols.

2.5. *Repertórios*

Há repertórios sobre cada período histórico ou sobre épocas específicas de cada país. Exs.:

Repertorium Fontium Historiae Mediaevi. Roma, Istituto Storico Italiano per il Medio Evo, 1976.

VAN CAENEGEM, R. C. e GANSHOF, F. L. *Guide to the Sources of Medieval History.* Amsterdã, Nort-Holland Publ., 1978.

4. Lingüística

1. Obras de orientação metodológica

1.1. *Guias e introduções*

KOERNER, E. F. K. *Western Histories of Linguistic Tought, Annoted Bibliography, 1822-1976.* Amsterdã, Benjamins, 1978.

KREUDER, H. D. *Studienbibliographie Linguistik mit einen Anhang zur Sprachwissenchaft von L. Berger.* 2 Aufl. Wlesbaden Steiner, 1980-1982.

MAROUZEAU, J. *La Linguistique ou Science du Langage,* 3.ª ed. Paris, Geuthner, 1950.

MARTINET, A. *Élements de Linguistique Générale*. Paris, Colin, 1982, col. Prisme.

————————. *La Linguistique — Guide Alphabétique*. Paris, Denoël, 1969.

1.2. *Obras metodológicas*

BAKHTINE, V. M. *Marxismo e Filosofia da Linguagem,* 3.ª ed. Trad. Michael Lahud et alii. São Paulo, Hucitec, 1979.

BARTHES, R. *Elementos de Semiologia.* Trad. Izidoro Blikstein, São Paulo. Cultrix, 1979.

————————. *Novos Ensaios Críticos.* Trad. Izidoro Blikstein. São Paulo, Cultrix, 1981.

BENVENISTE, E. *Problèmes de Linguistique Générale.* Paris, Gallimard, 1966.

BERSTEIN, B. *Class, Codes and Control,* 2.ª ed. Londres, Routledge & Kegan, 1977, 3 vols.

BOUVERESSE, J. *La Parole Malhereuse* (De l'Alchimie Linguistique à la Grammaire Philosophique). Paris, Minuit, 1972.

BRONKART, J. P. *Les Sciences du Langage: un Défi pour l'Enseignement.* Paris, Neuchâtel, Unesco, Delachaux et Niestlé, Sciences de l'Éducation, 1985.

CHARAUDEAU, P. *Langage et Discours — Éléments de Sémiolinguistique* (Théorie et Pratique). Paris, Hachette, Langage, Linguistique et Communication, 1983.

CHOMSKI, N. *Linguagem e Pensamento,* 3.ª ed. Trad. Francisco M. Guimarães. Petrópolis, Vozes, 1973.

———————— et alii. *Novas Perspectivas Lingüísticas,* 3.ª ed. Petrópolis, Vozes, 1973.

COHEN, M. *Materiaux pour Une Sociologie du Langage.* Paris, Maspero, 1971, 2 vols.

DUCROT, O. *Dire et ne pas Dire — Principes de Sémantique Linguistique.* Paris, Herman, 1972.

ENCREVE, P. *Linguistique et Sociolinguistique.* Paris, *Langue Française n.º 34,* 1977.

FICHMAN, J. A. *Sociolinguistique.* Paris, Nathan, 1971.

FRANÇOIS, F. *Éléments de Linguistique Appliqués à l'Étude du Langage de l'Enfant.* Paris, Ballière, 1978.

FOUCAULT, M. *A Palavra e as Coisas.* Trad. Antônio R. Rosa. Lisboa, Portugália, 1968.

GARDIN, B. *Introduction à la Sociolinguistique.* Paris, Larousse, 1974.

GREIMAS, A. J. *Sémiotique et Sciences Sociales.* Paris, Seuil, 1976.

HARRIS, Z. S. *Structural Linguistics.* Chicago, Univ. of Chicago Press, 1951.

HJEMSLEV, L. *Le Langage.* Trad. Michel Olsen, Paris, Ed. Minuit, 1966.

JAKOBSON, R. *Lingüística e Comunicação,* 5.ª ed. Trad. Izidoro Blikstein e José P. Paes. São Paulo, Cultrix, 1971.

———————. *Relações Entre as Ciências da Linguagem e Outras Ciências.* Trad. Maria Fernanda B. Nascimento. Lisboa, Bertrand, 1974.

KELLER, E. *Introduction aux Systhèmes Psyco-Linguistiques.* Paris, G. Morin; Québec, Chicoutini, 1985.

LABOV, W. *Sociolinguistic Patterns.* Pensilvânia, University of Pensilvannya, Press, 1973.

LEFEBVRE, H. *Le Langage et la Société.* Paris, Gallimard, 1966, col. Idées.

MALMBERG, B. *Les Nouvelles Tendances de la Linguistique.* Paris, PUF, 1966, col. Le Linguiste.

———————. *Analyse du Langage au XXe Siècle — Théories et Méthodes.* Paris, PUF, 1983.

MARTINET, A. *Éléments de Linguistique Générale.* Paris, Colin, 1960.

MOUNIN, G. *Clefs pour la Linguistique.* Paris, Seghers, 1971.

———————. *Histoire de la Linguistique des Origines au XXe Siècle.* Paris, PUF, 1970, col. Le Linguiste.

SAUSSURE, F. de. *Pours de Linguistique Générale.* Paris, Payot, 1949.

SMORRIS, C. W. *Signs, Language and Behavior.* Nova York, Prentice Hall, 1946.

TROUBETZKOY, N. S. *Principes de Phonologie.* Paris, Klincksiek, 1949.

TRUDGILL, P. *Sociolinguistics: An Introduction.* Londres, Penguin Books, 1974.

ULLMAN, S. *Principles of Semantics.* Blackwell, Glasgow, 1957.

2. Obras de referência

2.1. Bibliografias e repertórios bibliográficos

Bibliographie Linguistischer Literatur (BLL) par K. H. Koch in *Zeitsc für Bibliothekswesen und Bibliographie.* Frankfurt-a-M, 1954.

Bulletin Signalétique du CNRS. 524: Sciences du Langage. Paris, CNRS — Centre de Documentation.

Currents Contents. Arts and Humanities, Philadelphia, ISI, 1979.

Currents Contents Linguistik (CCL). Frankfurt-a-M. Stadt. u. Universitasbibliothec. 1976 e segs.

Currents Trends in Linguistics, ed. por A. Sebeok, Haia, Paris, Mouton, 1963-1976, 21 vols.

Historiographia Linguistica — International Journal for the History of Linguistics. Amsterdã, Benjamins, 1974 e segs. trimestral.

SOMMERFELT, A. e MOHRMANN, C. (orgs.). *Bibliographie Linguistique.* Utrecht, Spectrum, 1949.

2.2. Catálogos

Onoma — Bibliographia Onomastica. Louvain, 1950 ss.

2.3. Obras de terminologia

Dictionnaire de Linguistique. Paris, Larousse, 1973.

DUBOIS, J. et alii. *Dictionnaire de Linguistique.* Paris, Larousse, 1973.

DUCROT, O. e TODOROV, T. *Dictionnaire Encyclopédique des Sciences du Langage.* Paris, Seuil, 1972.

GREIMAS, A. J. e COURTES, J. *Sémiotique: Dictionnaire Raisonné de la Théorie du Langage.* Paris, Hachette, 1979.

MARTINET, A. *La Linguistique — Guide Alphabétique.* Paris, Denoël, 1969.

MAROUZEAU, J. *Lexique de la Terminologie Linguistique.* Paris, Geuthner, 1951.

MOUNIN, V. (org.). *Dictionnaire de Linguistique.* Paris, PUF, 1974.

2.4. Enciclopédias e obras de síntese

Les Langages du Monde. Dir. por A. Meillet e M. Cohen, reimpr. Paris, 1964.

Le Langage. Dir. por A. Martinet. 2.ª ed. Paris, Gallimard, 1982, Enciclopédie de la Pléiade.

Le Langage. Dir. por B. Pottier, Paris, Denoël, 1973.

MOUNIN, G. *Histoire de la Linguistique des Origines au XXe Siècle,* 3.ª ed. Paris, PUF, 1974.

2.5. Repertórios

Orbis, Bulletin International de Documentation Linguistique. Bélgica, Lovaina, 1952 e ss. Comité International des Sciences Onomastiques.

3. Centros de documentação

CEPRIL — Centro de Pesquisas, Recursos e Informações em Leitura, PUC-SP, Rua Monte Alegre, 971, CEP 05014, São Paulo, SP.

5. Filosofia

1. Obras de orientação metodológica

1.1. Guias e introduções

BORCHARD, D. H. *How to Find out in Philosophy and Psychology.* Oxford.

RAEYMAEKER, L. de. *Introdução à Filosofia.* São Paulo, Herder, 1961.

TICE, T. N. e SLAVENS, T. P. *Research Guide to Philosophy.* Chicago, American Library Association, 1983, col. Sources of Information in the Humanities, 3.

1.2. *Obras metodológicas*

A questão metodológica, em filosofia, identifica-se com a teoria do conhecimento ou gnoseologia. Os neo-empiristas tratam da questão sob o título *filosofia da ciência,* e tem sido usual o termo *epistemologia* para designar o estudo dos pressupostos e condições que validam os conhecimentos. Estes conceitos são, às vezes, usados indistintamente.

Alguns autores e obras que enfocam a questão na filosofia moderna são:

COMTE, A. *Curso de Filosofia Positiva* (1830-1844) e *Discurso Sobre o Espírito Positivo.* São Paulo, Abril Cultural, col. Os Pensadores, 33.

HEGEL, G. W. F. *Ciencia de la Lógica* (1912-1926). Trad. A. y R. Mondolfo. Argentina. Ed. Solar y Librería Hachette, 1968.

HUSSERL, E. *Ideas Relativas a una Fenomenología Pura y una Filosofía Fenomenológica* (1913). Trad. José Gaos. México, Fondo de Cultura, 1949.

——————. *Logique Formelle et Logique Transcendentale* (1929), Trad. S. Bachelard. Paris, PUF, 1957.

——————. *Meditaciones Cartesianas* (1929), trad. José Gaos. México, Colegio de México, 1942.

KANT, E. *Crítica da Razão Pura* (1781) e *Prolegômenos a Qualquer Metafísica Futura* (1783). São Paulo, Abril Cultural, 1983, col. Os Pensadores.

MARX, K. *Contribuição à Crítica da Economia Política* (Prefácio), Trad. de Maria Helena B. Alves. São Paulo, Martins Fontes, 1977.

—————— e ENGELS, F. *A Ideologia Alemã.* Trad. Conceição Jardim e Eduardo L. Nogueira. Lisboa, Presença. São Paulo, Martins Fontes, s.d., 2 vols.

Sobre a filosofia das ciências veja:

AYER, A. J. *El Positivismo Lógico.* México/Buenos Aires, Fondo de Cultura Económica, 1965.

FEIGL, H. e BRODBECK, N. *Readings in the Philosophy of Sciences.* Nova York, Apletton Century Crofts, 1953.

2. Obras de referência

2.1. Bibliografias e repertórios bibliográficos

Archives de Philosophie et Recherches Documentaires. Com o conc. do Centre de Recherche Scientifique e da la Fondation Montcheuil. Trimestral.

Bibliographie de la Philosophie. Institut International de Philosophie (IIP). Paris, Vrin, 1937 e ss. Trimestral.

Bulettin Signalétique du CNRS. 519: Philosophie, Paris, CNRS, 1961 e ss. Trimestral.

GUERRY, H. (org. e compilador). *A Bibliography of Philosophical Bibliographyes.* Wesport, Londres, Greenwood Press, 1977.

JASENAS, M. A. *History of Bibliography of Philosophy.* Nova York, Hildesheim Olms, 1973, Col. Studien und Materialien zur Geschichte der Philosophie, 14.

Philosophiscer Literaturanzeiger. Ein Referartogan für die Neverscheinungen der Philosophie und ihner gesamten Grenzgebeite. Meisenheim-Glan, A. Hain, 1949 e ss.

Philosophische Randschau, Eine Viertljahresschrift für Philosophisce Kritik. Tubingen, Mohr, 1953 e ss.

Repértoire Bibliographique de la Philosophie. Anexo da *Revue Philosophique de Louvain.* Louvain, Institut International de Philosophie, 1934 e ss.

TOBEY, J. L. *The History of Ideas — A Bibliographical Introduction.* Santa Barbara, Clio Press, 1975-1977, 2 vols.

TOTOK, W. *Bibliographisches Wegweiser der Philosophischen Literatur.* Frankfurt-a-M., Klosterman, 1955.

——————. *Hanbuch der Geschichte der Philosophie.* Frankfurt-a-M., Klosterman, 1964, 4 vols.

2.2. Catálogos:

HOCREBE, W. KAMP, R. e KONIG, G. *Periodica Philosophica, eine internationale Bibliographie philosophischer Zeitschriften von den Anfängen bis zur Gegenwart.* Düsserldorf, Philosophia Verl., 1972.

The Philospher's Index. An International Index to Philosophical Periodicals. USA, Bowling Green, Philosophy Docum. Center, 1967 e ss. Trimestral.

Liste Mondiale des Périodiques Spécialisés, Philosophie. Paris, Haia, Mouton, 1967.

2.3. Obras de terminologia

BALDWIN, J. M. (org.). *Dictionary of Philosophy and Psychology.* (Including Manny of the Principal Conceptions of Ethics, Logic, Aesthetics, Philosophy of Religion). Reimpr., Nova York, Smith, 1949.

Dizionario dei Filosofi. Florença, Sansoni, 1976.

EISLER, R. *Worterbuch der philosophischen Begriffe.* 4 Aufl. Berlim, Mittler, 1927-1930, 3 vols.

FERRATER MORA, J. *Diccionario de Filosofía,* 6.ª ed. Madri, Alianza, 1980, 4 vols.

FOULQUIÉ, P. *Dictionnaire de la Langue Philosophique.* 2.ª ed., colab. de R. Saint Jean. Paris, PUF, 1969.

LALANDE, A. *Vocabulaire Technique et Critique de la Philosophie.* Paris, PUF, 1980.

MORFAUX, L. M. *Vocabulaire de la Philosophie et des Sciences Humaines.* Paris, Colin, 1980.

ZIENGEFUS, W. e JUNG, G. *Philosophen-Lexikon.* Handwörterbuch der Philosophie nach Persone. Berlim, De Gruyter, 1949-1950, 2 vols.

2.4. Enciclopédias e obras de síntese

ABBAGNANO, N. *História da Filosofia.* Lisboa, Editorial Presença, 1970, 14 vols.

BRÉHIER, E. *História da Filosofia.* Trad. Eduardo Sucupira F.º. São Paulo, Mestre Jou, 1977-1981, 5 vols.

CHATELET, F. (org.). *Histoire de la Philosophie — Idées et Doctrines*. Paris, Hachette, 1973, 7 vols.

————. (org.). *Histoire des Idéologies*. Paris, Hachette, 1978, 3 vols.

EDWARDS, P., (org.). *Encyclopedia of Philosophy*. Nova York, Collier-MacMillan, 1967, 8 vols.

Enciclopedia Filosofica, 2.ª ed. Florença, Sansoni, 1976, 6 vols. Centro di Studi Filosofici di Gallarate.

Enciclopédie de la Pléiade, Histoire de la Philosophie. Sob a dir. de Y. Belaval. Paris, Gallimard, 1974, 3 vols.

GEYMONAT, L. *Storia del Pensiero Filosofico e Cientifico*. Milão, Aldo Garzanti Ed., 1972, 7 vols.

Grundiss der Geschchte der Philosophie. Reimpr. Refund. Auf Berlim, Mittler, Basel, Schwabe, 1983.

MITTELSTRASS, J. (org.). *Enzyklopädie Philosophie und Wissenchafstheorie*. Manheim, Viena, Zurique, Bibliographisches Institut, 1980.

MORENTE, M. G. *Fundamentos de Filosofia (Lições Preliminares)*. São Paulo, Mestre Jou, 1964, 3 vols.

RIVAUD, A. *Histoire de la Philosophie*, 2.ª ed. Paris, PUF, 1963-1968, 6 vols., col. Logos.

SCIACCA, F. (org.). *Les Grands Courrants de la Pensée Mondiale Contemporaine*. Milão, Marzotti, 1958-1964, 6 vols.

WILCZYNSKI, J. *An Encyclopedic Dictionary of Marxism, Socialism and Communism* (Economic, Philosophical, Political and Sociological Theories, Concepts, Institutions and Practices). Berlim, Nova York, De Gruyeter, 1981.

6. Psicologia

1. Obras de orientação metodológica

1.1. Guias e introduções

REUCHLIN, M. e HUTEAU, M. *Guide de l'Étudiant du Psychologie* 2.ª ed. Paris, PUF, 1980.

WATSON, R. I. *The History of Psychology and the Behavioral Scieı ces — A Bibliographic Guide*. Nova York, Springer, 1978.

1.2. *Obras metodológicas*

ANDREWS, T. G. *Méthodes de la Psychologie*. Paris, PUF, 1952.

BARRAT, P. E. H. *Fundamentos de los Métodos Psicológicos*. México, Ed. Limusa, 1974.

BARRACH, A. J. *Como Investigar em Psicologia*. Trad. Geraldina P. Witter. São Paulo, EPU, 1975.

BERTHIAUDEF, LAMOUREUX, A. *Initiation à la Recherche en Psychologie*. Montreal, HRW, 1981.

BRAWN, C. W. e GHISELLI, E. E. *El Método Científico en Psicología*. Buenos Aires, Paidós, 1969.

DOISE, W., DESCHAMPS, J. C. e MUGNY, G. *Psychologie Sociale Expérimentale*. Paris, Colin, 1983.

DROZ, W. e RICHELLE, M. (org.). *Manuel de Psychologie* (Introduction à la Psychologie Scientifique). Bruxelas, Dessart et Mardaga, 1976.

EDWARDS, A. L. *Experimental Design in Psychological Research*. Nova York, Holt, Rinehart and Winston, 1968.

FESTINGER, L. e KATZ, D. *A Pesquisa na Psicologia Social*, trad. Gastão Jacinto Gomes. Fundação Getúlio Vargas, 1974.

GRISEZ, J. *Méthodes de la Psychologie Sociale*. Paris, PUF, Sup. Le Psychologue, 1975.

HAYS, W. L. *Quantificação em Psicologia*, trad. Arno Engelmann. São Paulo, Herder, 1970.

KAPLAN, A. *A Conduta na Pesquisa* (Metodologia para as Ciências do Comportamento). Trad. Leônidas Hegemberg e Octanny S. da Mota. São Paulo, Herder, 1972.

KERLINGER, F. N. *Fundations of Behavioral Research*. Nova York, Holt, Rinehart and Winston, 1973.

—————. *Behavioral Research: a Conceptual Approach*. Nova York, Holt, Rinehart and Winston, 1979.

LEVY, A. *Psychologie Sociale: Textes Fundamentaux Anglais et Américains.* Paris, Dunod, 1985.

MARTINS, J. e BICUDO, M. A. V. *A Pesquisa Qualitativa em Psicologia — Fundamentos.* São Paulo, Moraes/Educ, 1989.

O'NEIL, W. M. *Introducción al Método en Psicología.* Buenos Aires, Eudeba, 1968.

OSGOOD, C. E. *Método e Teoria na Psicologia Experimental.* Trad. de Ênio Ramalho, Lisboa, Fundação Calouste Gulbenkian, 1953.

PEAUCELLE, J. L. *Les Systèmes d'Information — La Représentation.* Paris, PUF, Systèmes-Décisions, 1981.

REUCHELIN, M. e HUTEAU, M. *Guide de l'Étudiant: Psycologie,* 3.ª ed. Paris, PUF, Guide de l'Étudiant, 1987.

RICHERE, G. M. *Introduction Pratique à la Méthode Expérimentale en Psychologie.* Montreal, Décarie, 1981.

ROBERT, M. (org.). *Fondements et Étapes de la Recherche Scientifique en Psychologie.* Montreal, Chenelière et Stanké; Paris, Maloine, 1982.

ROSSI, J. P. et alii. *La Méthode Expérimentale en Psychologie.* Paris, Dunod, 1989.

SIEGEL, M. H. e ZEIGLER, H. P. *Psychological Research — The Inside Story.* Nova York, Londres, Harper & Row, 1976.

WOLMAN, B. (org.). *Psychology: Principles and Approches.* Nova York, Londres, Basic Books, 1965.

2. Obras de referência

2.1. Bibliografias

Annual Review of Psychology. Stanford, Cal., 1950 e ss.

Bulletin Signalétique du CNRS. Section 390: Psychologia, Psychopatologie, Psychiatrie, CNRS, Centre de Documentation en Sciences Humaines. 54, Boulevard Raspail, BP140, 75 260 Paris — 6.

L'Année Psychologique. Paris, PUF, 1984 e ss.

Psychological Abstracts. Lancaster, American Psychological Association, 1927 e ss.

Psychological Index. Nova York, American Psychological Association, 1894-1935, 42 vols.

THOMAS, L.-E. e CEP, P. (orgs.). *Sociologie et Psychologie Sociale en France, 1945-1965.* Association pour la Diffusion de la Pensée Française, 1966.

2.2. Catálogos

CNRS — Conseil National de Recherche Scientifique. *Catalogue des Publications Périodiques en Psychologie et Disciplines Connexes.* Paris, CNRS, 1987.

Liste Mondiale des Périodiques Specialisés, Psychologie. Paris, Haia, Mouton, 1967.

2.3. Obras de terminologia

CASTONGUAY, J. *Dictionnaire de la Psychologie et des Sciences Connexes,* français-anglais, anglais-français. Québec, Edisen; Paris, Maloine, 1973, 2 vols.

CHAPLIN, J. P. *Dicionário de Psicologia.* Lisboa. D. Quixote, 1981.

DUJKER, H. C. V. e VAN RIJWIJK, M. T. *Dictionnaire de Psychologie en Trois Langues,* 2.ª ed. Paris, Masson, 1978, 3 vols. (francês, inglês e alemão).

LAPLANCHE, J. e PONTALIS, J. B. *Vocabulário de Psicanálise.* Trad. Pedro Amem, São Paulo, Martins Fontes, 1986.

GAUQUELIN, M., GAUQUELIN, F. et alii. *Dicionário de Psicologia.* Trad. Cassiano Reimão e outros. Lisboa/São Paulo, Verbo, 1984.

MUCHIELLI, A. e MUCHIELLI, R. *Lexique de la Psychologie.* Paris, EME, ESF, 1969.

PIERON, H. *Vocabulaire de la Psychologie,* 6.ª ed. Paris, PUF.

SILLMANY, N. *Dictionnaire de Psychologie.* Paris, Bordas, 1980, 2 vols.

2.4. Enciclopédias e obras de síntese

DAVAL, R. e BOURRICAUD, F. *Traité de Psychologie Sociale,* 2.ª ed. Paris, PUF, 1967, 2 vols., col. Logos.

FRAISE, P. e PIAGET, J. (orgs.). *Traité de Psychologie Expérimentale,* 4.ª ed., Paris, PUF, 1970-1976.

GRATIOT-ALPHANDÉRY, H. e ZAZZO, R. (orgs.). *Traité de Psychologie de l'Enfant.* Paris, PUF, 1970-1976, 6 vols.

HUISMAN, D. (org.). *Encyclopédie de la Psychologie.* Paris, Nathan, 1973, 3 vols.

MUELLER, F. L. *Histoire de la Psychologie,* 4.ª ed. Paris, Payot, 1976, 2 vols., col. Bibliothèque Scientifique.

PRADINES, M. *Traité de Psychologie Générale.* Paris, PUF, 3 vols., (4.ª ed., t. I, 1958; 3.ª ed., t. II, 1957).

REUCHLIN, M. (org.). *Traité de Psychologie Appliquée,* 2.ª ed., Paris, PUF, 1970-1974, 10 vols.

Psicossociologia

ANZIEU, D. e MARTIN, J. Y. *La Dynamique des Groups Restreintes.* Paris, PUF, Le Psychologue, 1982.

BADIN, P. *La Psychologie de la Vie Sociale.* Paris, Le Centurion, 1977, 2 vols.

DAVAL, R. et alii. *Traité de Psychologie Sociale.* Paris, PUF, 1963, col. Logos.

DEUTSH, M. e KRAUSS, R. M. *Les Théories en Psychologie Sociale.* Paris, Mouton, 1972.

DUBOST, J. *L'Intervention Psychosociologique.* Paris. PUF, 1987.

FACHEUX, C. e MOSCOVICI, S. *Psychologie Sociale — Théorique et Expérimentale.* Paris, Haia, Mouton, 1971.

GRISEZ, J. *Méthodes de la Psychologie Sociale.* Paris, PUF, Sup. Le Psychologue, 1975.

JODELET, D. VIET J. e BESNARD, P. *La Psychologie Sociale* (Une Discipline en *Mouvement*). Paris, Mouton, 1970.

JONES, E. E. e GERARD, H. B. *Foundations of Social Psychology.* Nova York, Wiley, 1967.

KLINEBERG, O. *Psychologie Sociale.* Paris, PUF, 1957-1959, 2 vols.

LEMAINE, G. e LEMAINE, J. M. *Psychologie Sociale et Expérimentation.* Paris, Mouton, Bordas, 1969.

LÉVY, A. *Psychologie Sociale. Textes Fondamentaux.* Paris, Dunod, 1965, 2 vols.

LEWIN, K. *Psychologie Dynamique,* morceaux choisies présentés par G. Facheux, Paris, PUF, 1959.

LEYENS, J. P. *Psychologie Sociale.* Bruxelas, Mardaga, 1979.

LINDZEY, C. *Handbook of Social Psychology,* 3.ª ed., Londres, Addison-Wesley, 1968.

MACCOBY, E. NEWCOMB, T. e HARTLEY, E. *Readings in Social Psychology.* Nova York, Holt, 1947.

MAISONNEUVE, J. *Psychologie Sociale.* Paris, PUF, 1951, col. Que Sais-Je? n.º 458.

————. *Initiation à la Psychologie,* 3.ª ed., Paris, PUF, 1980.

MOSCOVICI, S. *Introduction à la Psychologie Sociale.* Paris, Larousse, 1972, 2 vols.

————. (org.). *Psychologie Sociale.* Paris, PUF, 1984.

NORMAN, L. *Traitement de l'Information et Comportement Humain.* Québec.

SPROTT, W. J. H. *Social Psychology.* Londres, Tavistock, 1966.

Psicanálise

BESANÇON, R. *L'Histoire Psychanalitique — Une Antologie,* recueil de textes présentés et commentés. Paris, Mouton, 1974.

CASTEL, R. *Le Psychanalisme.* Paris, Maspero, 1973.

CHAZAND, J. *Tendences Nouvelles de la Psychanalyse.* Paris, Le Centurion, 1978.

CIFALI, M. *Pédagogie et Psychanalyse.* Paris. Dunod, 1985.

CLEMENT, C. *Les Fils de Freud Sont Fatiguées.* Paris, Grasset, 1978.

FREUD, A. *Le Moi et les Mécanismes de Défense,* 2.ª ed. Paris, PUF, 1982.

FREUD, S. *Obras Completas.* Trad. Jaime Salomão. Rio de Janeiro, Imago, 1980, 24 vols.
Especialmente: *Introdução à Psicanálise; Psicopatologia da Vida Cotidiana; Interpretação dos Sonhos; Metapsicologia; e Cinco Lições Sobre a Psicanálise.*

LACAN, J. *Le Séminaire, Livre XXI — Les Quatre Concepts Fondamentaux de la Psychanalyse.* Paris, Seuil, 1973.

MARCHAIS, P. *Psychiatrie et Méthodologie.* Paris, Masson, 1970.

RICOEUR, P. *De l'Interpretation — Essai sur Freud.* Paris, Seuil, 1965.

2.5. Repertórios

GRINSTEIN, A. *The Index to Psychoanalytic Writings.* Nova York, International University Press, 1956-1973, 12 vols.

TOMPKINS, M. e TOMPKINS, N. S. *Serial in Psychology and Allied Fields.* 2.ª ed. Troy, Whitson, 1976.

7. Sociologia

1. Obras de orientação metodológica

1.1. Guias e introduções

BART, P. e FRANKEL, L. *The Student Sociologist's Handbook.* 2.ª ed. Morristown, NJ, General Learnin Press, 1976.

BEERY'S, D. M. *A Bibliographical Guide to Educational Research.* Metuchen, NJ, Scarecrow, 1975.

1.2. Obras metodológicas

DURKHEIM, E. *As Regras do Método Sociológico e Outros Escritos.* Trad. de Maria P. de Queirós. São Paulo, Nacional, 1968.

FERNANDES, F. *Fundamentos Empíricos da Explicação Sociológica.* 4.ª ed., São Paulo, T. A. Queiroz, 1980.

FRIEDRICH, R. W. *A Sociology of Sociology.* Nova York, Free Press, 1970.

FROMONT, J. *Le Schema Sociologique.* Paris, Nathan-Labor, 1976.

GHIGLIONE, R. e MATALON, B. *Les Enquêtes Sociologiques: Théories et Pratique.* Paris, Colin, 1978.

GURVITCH, G. *Traité de Sociologie.* 2.ª ed. Paris, PUF, 1963, 2 vols.

HALL, E. T. *La Dimension Cachée.* Paris, Seuil, 1971.

HAMMOND, P. E. (org.). *Sociologists at Work: Essays on the Craft of Social Research.* Nova York, Doubleday & Anchor Books, 1967.

HERMAN, J. *Les Langages de la Sociologie.* Paris, PUF, 1983, col. Que Sais-Je?.

Historiens et Sociologues d'aujourd'hui. Journées d'Etudes Annuelles de la Société Française de Sociologie. Université de Lille I, jun. 1984. Paris, CNRS, 1986.

LAZARSFELD, P. *Qu'Est-ce Que la Sociologie?* Paris, Gallimard, 1970, col. Idées, 238.

LUGAN, J. C. *Éléments d'Analyse des Systèmes Sociaux.* Paris, Privat, 1983.

MADGE, J. *Origins of Scientific Sociology.* Nova York, Free Press, 1967.

MANN, P. H. *Métodos de Investigação Sociológica.* Rio de Janeiro, Globo, 1964.

MARX, K. *Contribuição à Crítica da Economia Política* (Prefácio). Trad. de Maria Helena B. Alves. São Paulo, Martins Fontes, 1977.

——————. *O Capital. Crítica da Economia Política.* Trad. de Reginaldo Sant'Anna. Rio de Janeiro, Civilização Brasileira; Lisboa, Centro do Livro Brasileiro, 5 vols.

MARX, K e ENGELS, F. *Ideologia Alemã.* Trad. Conceição Jardim e Eduardo L. Nogueira. Lisboa, Presença; São Paulo, Martins Fontes, s.d., 2 vols.

MACKINNEY, J. C. e TIRIAKIN, E. A. *Theoretical Sociology: Prospectives and Devellopement.* Nova York, Appleton Century Crofts, 1970.

MENDRAS, H. *Éléments de Sociologie.* Paris. A. Colin, 1975.

MORIN, E. *Sociologie.* Paris, Fayard, 1984.

NISBET, R. A. *Sociological Tradition.* Londres, Penguin Books, 1968.

PARETO, V. *Traité de Sociologie Générale*, in *Oeuvres*, Genebra, Droz, 1964-1971, 15 vols.

PARSONS, T. *The Social System.* Glencoe, Ill., Free Press, 1951.

REZSOHAZY, R. *Théorie et Critique des Faits Sociaux* (Construire le Savoir dans les Sciences Sociales). Bruxelas, La Renaissance du Livre, 1979.

RIVIÈRE, C. *L'Analyse Dynamique en Sociologie.* Paris, PUF, 1978.

ROCHER, G. *Introduction à la Sociologie,* 2.ª ed. Montreal, Ed. HMH. Regards sur la Réalité Sociale, 1968, 3 t.

ROSE, G. *Deciphering Sociological Research.* Beverly Hills, Sage Publications, 1983.

RUNCIMAN, W. C. *A Treatese on Social Theory.* Cambridge, Cambridge University Press, 1983.

SCHUTZ, A. *On Phenomenology and Social Relations.* Chicago, Chicago University Press, 1970.

Sociological Theory and Survey Research (Institutional Change and Social Policy in Great Britain). Londres, Sage Publications, 1974.

Sociologie (La): Une Question de Méthode. Sociologie et Societé. Montreal, 1982.

WEBER, M. *Ensaios de Sociologia.* Trad. de Waltensir Dutra e Fernando H. Cardoso. Rio de Janeiro, Zahar, 1964.

ZETTERBERG, H. *Teoría y Verificación en Sociología.* Buenos Aires, Nueva Visión, 1968.

2. Obras de referência

2.1. Bibliografias e repertórios bibliográficos

Bibliography of German Sociology — 1945-1977. Göttingen. O Schwartz, 1980.

Bibliographie Internationale de Sociologie. 1951 e ss. Incorporada ao *La Sociologie Contemporaine* de 1952-1955.

Bulletin Signalétique du CNRS. Section 521: Sociologie, Ethnologie. Trimestral. Paris, Centre de Documentation du CNRS.

Bulletin de Méthodologie Sociologique. 1983 e ss. Marccilli LISH.

Current Sociology — La Sociologie Contemporaine. Association Internationale de Sociologie. Comité Internacional pour la Documentation des Sciences Sociales. Paris, Haia, Mouton. Quadrimestral.

L'Année Sociologique. Paris, PUF, 1898 e ss.

Recent Publications in the Social and Behavioral Sciences. Oxford, Londres, Paris, Pergamon Press, 1968.

Sociological Abstracts. Nova York, Eastern Sociological Society, 1952 e ss., 8 vezes ao ano.

Sociologische Revue — Bespreschungen neuer Literatur. Göttingen, O. Schwartz, 1978 e ss. Trimestral.

WEPSIEG, J. *Sociology — An International Bibliography of Social Publications, 1890-1980.* Londres, Mansel Publ., 1983.

2.2. *Catálogos*

UNESCO. *Lista Mundial de Revistas Especializadas en Ciencias Sociales,* 7.ª ed. Paris, Unesco, 1986.

2.3. *Obras de terminologia*

BERNSDORF, W. *Internationales Soziologen Lexikon,* 2 Aufl. Stuttgart, Enkel, 1980, 2 vols.

BOUDON, R. e BOURRICAUD, F. *Dicionário Crítico de Sociologia.*

GALINO, L. *Dizionario di Sociologia.* Turim, Unione Tipogr. Editrice Torinese, 1978.

SUMPF, J. e HUGUES, M. *Dictionnaire de Sociologie.* Paris, Larousse, 1973.

THEODORSON, G. A. e THEODORSON, A. G. *A Modern Dictionary of Sociology.* Nova York, Thomas & Crowell, 1961.

WILLEMS, E. *Dictionnaire de Sociologie,* adaptação francesa de Q. A. Curvillier, Paris, M. Rivière, 1961.

2.4. *Enciclopédias e obras de síntese*

BERNSDORF, W. (org.). *Wörterbuch der Soziologie.* Stuttgart, Enkel, 1971, 3 vols.

CURVILLIER, A. *Manuel de Sociologie,* avec notices bibliographiques. Paris, PUF, 1972, 3 vols.

Encyclopédie de la Sociologie. Paris, Larousse, 1975.

GURVITCH, G. *Traité de Sociologie.* 3.ª ed. Paris, PUF, 1972, 2 vols.

3. Centros de documentação

IRESCO — Institut de Recherche en Sciences Contemporaines. Paris.

PARMA
Impresso nas oficinas da
EDITORA PARMA LTDA.
Telefone: (011) 6462-4000
Av.Antonio Bardella, 280
Guarulhos – São Paulo – Brasil
Com filmes fornecidos pelo editor